Gespräch
Besprechung · Diskussion

Ein Programm zur Erweiterung der Ausdrucksfähigkeit im Deutschen

Lehr- und Arbeitsbuch

Von Gernot Häublein, Theo Scherling, Gudrun Häusler

LANGENSCHEIDT

BERLIN · MÜNCHEN · WIEN · ZÜRICH · NEW YORK

Gespräch · Besprechung · Diskussion

Von Gernot Häublein

in Zusammenarbeit mit
Theo Scherling (Zeichnungen, Layout, Umschlag, Konzeption)
Gudrun Häusler (Konzeption, textliche Beratung)

Die <u>Cassette</u> mit <u>Hör- und Sprechübungen</u> zu diesem Buch
hat die Bestellnummer 84424.

Druck: 7. 6. 5. 4. 3. | Letzte Zahlen
Jahr: 95 94 93 92 91 | maßgeblich
© 1985 Langenscheidt KG, Berlin und München

Druck: Druckhaus Langenscheidt, Berlin-Schöneberg
Printed in Germany · ISBN 3-468-49827-6

Inhaltsverzeichnis

Informationen für Lernende

Lernziele

Das direkte Gespräch ist noch immer das wesentlichste Mittel sprachlicher Verständigung zwischen Menschen, wenngleich das Telefonat und schriftliche Mitteilungsformen immer wichtiger und häufiger werden (vgl. *Bausteine Deutsch 2: Telefonieren · Schriftliche Mitteilungen*). Das Gespräch dient in allen seinen Formen, im Privat- und Berufsleben wie in der Öffentlichkeit, dem Austausch von Gefühlen und Gedanken, von Informationen, Vorurteilen und Meinungen, von Fragen, Forderungen und Antworten, die für die Gesprächspartner wichtig sind. Das lockere, ungeregelte Privatgespräch ebenso wie die straffer organisierte berufliche Besprechung und die nach demokratischen Spielregeln ablaufende öffentliche Diskussion haben zumindest eins gemeinsam: Sie dienen dem Austragen und häufig auch der Lösung persönlicher, sozialer und sachbezogener Probleme. Und deshalb ist es für Sie wie für jeden anderen so wichtig, Sicherheit und Routine in diesen zentralen Formen der Kommunikation zu entwickeln.

Dieses Lehr- und Arbeitsbuch mit Cassette zeigt Ihnen, wie Sie sich sachlich informieren, Meinungen bilden und schließlich überzeugende Argumente formulieren können. Und vor allem das rationale Argumentieren lernen Sie dann in den verschiedensten Gesprächssituationen angemessen einzusetzen.

Sie werden dabei nicht nur unterstützt durch Ihre Lehrerin/Ihren Lehrer lernen, sondern vor allem sehr intensiv <u>mit</u> Ihren Partnern im Deutschunterricht: Die meisten Übungen sind so angelegt, daß sie am wirkungsvollsten zu zweit oder in kleinen Gruppen ablaufen (Partner- und Gruppenarbeit). Und häufig schlüpfen Sie gleichsam in die Haut bestimmter Personen, deren im Buch vorgegebene Rolle Sie zusammen mit anderen "gespielten" Personen in Szene setzen (Rollenspiele). Sie werden feststellen, daß diese selbständigeren Arbeitsformen - die dem Lehrer auch die leidige Zugpferd-Aufgabe sehr erleichtern - Sie und Ihre Lernpartner direkt in ernstfallähnliche Situationen versetzen. Und gerade die simulierte sprachliche Wirklichkeit, das Üben in echten Sprech- und Schreibsituationen, wird Ihnen sehr schnell helfen, Ihre selbsterkannten Probleme mit der deutschen Sprache zu überwinden.

Dieses Buch und die zugehörige Cassette wurden entwickelt, um Ihnen eine bessere Bewältigung der sprachlichen <u>Praxis</u> zu ermöglichen. Deswegen ist hier wenig von Theorie zu lesen und zu hören. Ihre eigenen Theorien zum angemessenen sprachlichen Handeln und Reagieren können Sie sich am besten durch Ausprobieren und kritisches Beobachten selbst bilden.

Praktisches Arbeiten mit Buch und Cassette

Weil hier vor allem mündlicher Ausdruck geübt wird, ist die begleitende Cassette eigentlich unentbehrlich, besonders für Ihre häusliche Arbeit. Die Cassette enthält alle im Buch mit ▣ gekennzeichneten Dialoge und Übungen; bis auf einen Fall (B3 S3) sind alle aufgenommenen Texte im Buch abgedruckt. Die Aufnahmen wurden mit einer "Mischung" von Schauspielern und Amateuren gemacht, damit möglichst viele unterschiedliche Typen von Gesprächspartnern gezeigt werden. Auch auf eine möglichst echte Geräuschkulisse haben wir geachtet: Sie sollen realistisch und "für den Ernstfall" üben können.

Für einige Cassetten-Übungen ist es nötig, das Band immer wieder zu stoppen und vor dem Weiterhören etwas zu sagen, zu lesen oder zu schreiben. In diesen Fällen hören Sie ein Tonsignal vom Band.

Die Cassette ist auf beiden Halbspuren (Seiten A und B) Mono bespielt. Die Aufnahme kann nicht gelöscht werden; Sie können aber auch Ihre Stimme nicht aufzeichnen. Zum Abspielen ist jeder beliebige Cassetten-Recorder geeignet.

Ihr Buch bietet Ihnen neben den Text- und Übungsteilen, die natürlich den größten Umfang einnehmen, auch noch einige praktische Hilfsmittel:

1. Links bzw. rechts oben auf jeder Seite finden Sie über den fetten Buchstaben mit Ziffer schnell den Lernabschnitt wieder, bei dem Sie stehengeblieben waren (A2, B1, C3 usw.).

2. Zu allen Übungen, die eindeutige Lösungen haben, gibt es im Buchanhang einen "Schlüssel" mit Lösungsvorschlägen; diese sind genauso numeriert wie die Übungen vorne. Der "Schlüssel" erlaubt Ihnen eine sofortige Lernkontrolle, sobald Sie die betreffende Übung ein erstes Mal ganz durchgearbeitet haben. Korrigieren Sie damit Ihre Fehler und machen Sie dann die gesamte Übung noch einmal.

3. Keiner kennt alle Wörter der deutschen Sprache, schon gar nicht alle Fremdwörter und Fachausdrücke. Alle schwierigen Wörter, die in diesem Buch vorkommen, werden deshalb in der "Alphabetischen Liste" ganz am Ende des Buchs erklärt und z. T. mit Beispielen verdeutlicht.

4. Die Übungen im Buch sind z. T. mit dem Zeichen Ü , im übrigen mit S gekennzeichnet; die erste Gruppe ist vor allen Dingen für das gemeinsame Üben im Unterricht gedacht, die zweite eignet sich gut für das Selbstlernen zu Hause.

Überhaupt sollten Sie damit rechnen, daß der beste Unterricht ohne unterstützende und vertiefende häusliche Arbeit wenig bringt. Bitte setzen Sie etwa die gleiche Zeit für Ihr Selbststudium an, wie Sie sie im Unterricht verbringen. Aber üben Sie niemals in einem Stück länger als etwa eine halbe Stunde; besser wäre es, <u>jeden Tag 20-30 Minuten Deutsch</u> zu treiben! Am besten klappt das mit einem festen Lernplan, der für die ganze Woche Übungszeiten vorsieht, zu denen Sie erfahrungsgemäß ungestört arbeiten können.

Die Zeichnungen

Die Zeichnungen und die optische Gestaltung dieses Buchs sprechen eigentlich für sich. Sie sind weder als Verzierung des Texts entstanden noch so gemeint. Vielmehr sollen sie Ihnen den Zugang zu wichtigen Lernschritten, zu Hör-, Sprech- und Denkaufgaben erleichtern. Und sie beweisen, daß Lernen, Ausprobieren, Rollenspielen ein Riesenspaß sein kann. Lassen Sie sich von den Bildern unseres Mitautors dazu überreden, voll einzusteigen ins Argumentieren und Diskutieren, als wär's ein Spiel, das man vor allem zum Vergnügen macht!

"Bausteine Deutsch" –
Ihr Programm zur Erweiterung der Ausdrucksfähigkeit im Deutschen

Dieses Buch und seine Begleitcassette sind *ein* Baustein eines mehrteiligen Programms von realistischen Lernmaterialien, aus denen Lehrer und Lernende auswählen und zusammenstellen können, was ihren Lehr- bzw. Lernzielen entspricht. Alle einzelnen Bausteine lassen sich miteinander kombinieren oder im Wechsel für den Lernprozeß einsetzen; deswegen gibt es in diesem Buch auch viele Querverweise auf die anderen Bausteine (→ *Bausteine Deutsch 1/2/3*, S. ...).
Also: Stellen Sie sich Ihr Deutsch-Programm selbst zusammen, auf Seite 80 finden Sie genauere Informationen über die anderen Bausteine!

Viel Spaß!

1 Sachinformationen erkennen, sammeln, ordnen

Jedes Wort, jeder Satzteil, jeder Satz hat in mündlichen und schriftlichen Texten für uns als Hörer oder Leser eine bestimmte Bedeutung.
Nur ein - meist kleiner - Teil der gesamten Textaussage sind jedoch
"Sachinformationen". Diese teilen Tatsachen mit, die 1. im Text selbst
glaubhaft nachgewiesen sind oder 2. von unserem Verstand nachgeprüft
oder 3. aus unserer eigenen Erfahrung bestätigt werden können.

Die auf Seite 8 und 9 abgedruckten
Werbeanzeigen enthalten unterschiedlich viele Sachinformationen.

Ü1

1. Unterstreichen Sie alle Wörter, die
   Sachinformationen transportieren.
2. Machen Sie für
   jede Anzeige
   einen Stichpunkt-
   zettel mit den
   gefundenen Infor-
   mationswörtern.
3. Welche Wortarten
   kommen am häufig-
   sten vor? (⟶
   Bausteine Deutsch 1,
   S. 10 - 11)
4. Schreiben Sie die
   Sachinformationen
   jeder Anzeige in
   einem möglichst
   kurzen Satz zu-
   sammen.

①

SOS...
Wir kommen

Seit 1865 retten wir Menschen aus
Seenot. Unsere Männer sind rund
um die Uhr einsatzbereit.
Bei jedem Wetter. Auf 37 lei-
stungsstarken Seenotkreuzern
und Booten. Finanziert wird die
Arbeit ausschließlich durch freiwillige Zuwendungen. Unterstützen auch Sie das Seenotrettungs-
werk – als Mitglied oder Spender.

**Deutsche Gesellschaft
zur Rettung Schiffbrüchiger**
Werderstr. 2, 2800 Bremen 1,
Postscheck Hamburg,
(BLZ 200 100 20) 7046-200

Wir danken für die gespendete Anzeige

②
Sieht wie ein normaler Schuh aus und doch
sind Sie
GRÖSSER
bis zu
12cm
Ja dank dieser neuen
Spezial - Schuhe
können auch Sie
stolz und groß
wie andere
sein.

Ohne
Hemmungen können Sie größeren Männern
und Frauen begegnen.
Unsichtbar, keiner erfährt je Ihr Geheimnis.
Einfach und nicht teuer.
Viele elegante Modelle aus bestem Leder.
Informieren Sie sich und fordern Sie sofort
Ihren farbigen GRATIS - KATALOG
an bei:
Kunst & Leben GmbH   Abt.: 7052
Postfach 1910   7600 Offenburg

③

HONDA CIVIC.
Ein 1300er
packt aus.

Grünes Licht
für
Ehrlichkeit

HONDA CIVIC L. 44 kW (60 PS),
1326 cm³ (Steuerformel),
Höchstgeschwindigkeit 150 km/h.

Er packt aus mit modernster Technik, 5 Gängen, sparsa-
mem Normalbenzin-Verbrauch und einem aufpreisfreien
Komfort-Paket. Z.B. Drehzahlmesser, Nebelschlußleuchten,
UKW/MW-Radio, Metallic-Lack. Sehen und
begeistert sein.
Auch über den günstigen Preis.

HONDA
CIVIC

Günstige Finanzierung – Leasing – Inzahlungnahme
Information und Probefahrt bei Ihrem HONDA-Vertragshändler

bei Baubeginn
④
40% verkauft

SÜBA
IHR ZUVERLÄSSIGER PARTNER

EIGENTUMSWOHNUNGEN

in bester Wohnlage in **Offenbach**,
Wir bieten: extrem günstige Festpreise
(z. B. 3½-Zi-Wohnung 85,98 qm DM **223.900,–**)
gehobene Ausstattung, grundsolide Qualität.
Wir informieren Sie unverbindlich über unser gesamtes Angebot.
Sonderberatung von 14.00 – 17.00 Uhr – jeden Sonntag.
Süba-Rhein-Main, **Westendstr. 9**, **6000 Frankfurt 1**,
Tel. 0611/74 25 83   **(neben Esso-Parkhaus)**

SÜBA-Rhein-Main
eine Tochtergesellschaft
der SÜBA Hockenheim.

eines der renommiertesten
Wohnbauunternehmen
im süddeutschen Raum

Ü2

Bitte lesen Sie jetzt die beiden folgenden Ausschnitte aus bundesdeutschen Gesetzen. Vergleichen Sie diese mit den eben ausgewerteten Werbeanzeigen: Wo ist die Dichte der Sachinformationen höher? Warum?

I. Die Grundrechte

Art. 1. [Schutz der Menschenwürde] (1) Die Würde des Menschen ist unantastbar. Sie zu achten und zu schützen ist Verpflichtung aller staatlichen Gewalt.

(2) Das Deutsche Volk bekennt sich darum zu unverletzlichen und unveräußerlichen Menschenrechten als Grundlage jeder menschlichen Gemeinschaft, des Friedens und der Gerechtigkeit in der Welt.

(3) Die nachfolgenden Grundrechte binden Gesetzgebung, vollziehende Gewalt und Rechtsprechung als unmittelbar geltendes Recht.

Art. 2. [Freiheitsrechte] (1) Jeder hat das Recht auf die freie Entfaltung seiner Persönlichkeit, soweit er nicht die Rechte anderer verletzt und nicht gegen die verfassungsmäßige Ordnung oder das Sittengesetz verstößt.

(2) Jeder hat das Recht auf Leben und körperliche Unversehrtheit. Die Freiheit der Person ist unverletzlich. In diese Rechte darf nur auf Grund eines Gesetzes eingegriffen werden.

Art. 3. [Gleichheit vor dem Gesetz] (1) Alle Menschen sind vor dem Gesetz gleich.

(2) Männer und Frauen sind gleichberechtigt.

(3) Niemand darf wegen seines Geschlechtes, seiner Abstammung, seiner Rasse, seiner Sprache, seiner Heimat und Herkunft, seines Glaubens, seiner religiösen oder politischen Anschauungen benachteiligt oder bevorzugt werden.

Art. 6. [Ehe, Familie, nichteheliche Kinder] (1) Ehe und Familie stehen unter dem besonderen Schutze der staatlichen Ordnung.

(2) Pflege und Erziehung der Kinder sind das natürliche Recht der Eltern und die zuvörderst ihnen obliegende Pflicht. Über ihre Betätigung wacht die staatliche Gemeinschaft.

(3) Gegen den Willen der Erziehungsberechtigten dürfen Kinder nur auf Grund eines Gesetzes von der Familie getrennt werden, wenn die Erziehungsberechtigten versagen oder wenn die Kinder aus anderen Gründen zu verwahrlosen drohen.

(4) Jede Mutter hat Anspruch auf den Schutz und die Fürsorge der Gemeinschaft.

(5) Den unehelichen Kindern sind durch die Gesetzgebung die gleichen Bedingungen für ihre leibliche und seelische Entwicklung und ihre Stellung in der Gesellschaft zu schaffen wie den ehelichen Kindern.

Art. 12. [Freiheit der Berufswahl] (1) Alle Deutschen haben das Recht, Beruf, Arbeitsplatz und Ausbildungsstätte frei zu wählen. Die Berufsausübung kann durch Gesetz oder auf Grund eines Gesetzes geregelt werden.

(2) Niemand darf zu einer bestimmten Arbeit gezwungen werden, außer im Rahmen einer herkömmlichen allgemeinen, für alle gleichen öffentlichen Dienstleistungspflicht.

(3) Zwangsarbeit ist nur bei einer gerichtlich angeordneten Freiheitsentziehung zulässig.

S1

Bitte unterstreichen Sie in diesen beiden Gesetzestexten die Stellen, wo gesetzlich garantierte Rechte und Pflichten von Frauen und Männern formuliert sind:

Kennzeichnen Sie mit verschiedenen Farben:

a) Gemeinsame Rechte/Pflichten

b) Spezielle Rechte/Pflichten von Frauen

c) Spezielle Rechte/Pflichten von Männern

▲

Grundgesetz für die Bundesrepublik Deutschland (1949)

Betriebsverfassungsgesetz (1972) ▶

§ 75 Grundsätze für die Behandlung der Betriebsangehörigen.
(1) Arbeitgeber und Betriebsrat haben darüber zu wachen, daß alle im Betrieb tätigen Personen nach den Grundsätzen von Recht und Billigkeit behandelt werden, insbesondere, daß jede unterschiedliche Behandlung von Personen wegen ihrer Abstammung, Religion, Nationalität, Herkunft, politischen oder gewerkschaftlichen Betätigung oder Einstellung oder wegen ihres Geschlechts unterbleibt. Sie haben darauf zu achten, daß Arbeitnehmer nicht wegen Überschreitung bestimmter Altersstufen benachteiligt werden.

(2) Arbeitgeber und Betriebsrat haben die freie Entfaltung der Persönlichkeit der im Betrieb beschäftigten Arbeitnehmer zu schützen und zu fördern.

Ü3

Legen Sie auf einem Extrablatt eine Tabelle wie die abgebildete an, und tragen Sie alle unterstrichenen Sätze und Satzteile nun in Form stark verkürzter Stichpunkte darin ein. Beispiel für Textverkürzung:

"~~Die~~ Würde ~~des~~ Menschen ~~ist~~ unantastbar." *Menschenwürde unantastbar*

Überlegen Sie, in welche Spalte jede gefundene Information einzuordnen ist.

	Frauen + Männer	Frauen	Männer
Rechte	1. Menschenwürde unantastbar 2. Kinderpflege und -erziehung		
Pflichten	1. Kinderpflege und -erziehung		

S2

Fassen Sie mit Ihren eigenen Worten in einem schriftlichen Kurzbericht zusammen, welche gemeinsamen Rechte und Pflichten Frauen und Männer in der Bundesrepublik Deutschland haben und welche Unterschiede es gibt.
Vergleichen und diskutieren Sie mit den anderen Kursteilnehmern.

S3

Lesen Sie in den nächsten Tagen gezielt Zeitungen, Zeitschriften, Bücher; sehen/hören Sie bewußt bei Gesprächen, Fernseh- und Rundfunksendungen zu: Welche gemeinsamen und unterschiedlichen Rechte haben Kinder bzw. Eltern? Notieren und ordnen Sie wie in Ü3 geübt.

2 Informationen verarbeiten: Vorurteil oder Meinung bilden

Jeder hat bestimmte Einstellungen zu Sachverhalten, Fragen und Problemen, die sie/ihn berühren oder die sie/er zumindest kennt. Eine Einstellung, die vorschnell und oberflächlich gefaßt wird, nennen wir "Vorurteil". Eine Einstellung, die aus ruhiger und kritischer Prüfung aller verfügbaren Sachinformationen entsteht, ist eine "Meinung".

Ü1

Untersuchen Sie die drei Textarten auf dieser Seite auf solche Vorurteile und Meinungen.
Schreiben Sie zwei Listen und vergleichen Sie die gefundenen Sätze nach Satzbau und Informationsgehalt.

Ü2

Was sind für Sie die Aufgaben von Frau bzw. Mann heute? Begründen Sie.

Ich finde, die Frau gehört wieder ins Haus und zu den Kindern. Der Mann ist besser fürs Berufsleben und Geldverdienen geeignet!

Jeder zweite Abgeordnete ist eine Frau

Mädchen häkeln und stricken

Das Bild der Frau in Schulbüchern soll überprüft werden

BONN, 12. Dezember (dpa). Das „Bild der Frau" in Schulbüchern ist nach Darstellung des Bundesbildungsministeriums vielfach noch zu einseitig gezeichnet und überprüfungsbedürftig.

Wie das Ministerium am Dienstag mitteilte, zeigten die bei einem Expertentreffen vorgelegten Ergebnisse neuer Untersuchungen, daß Mädchen und Frauen als Handlungsträger in Schulbüchern stark unterrepräsentiert sind, überwiegend in passiven Rollen dargestellt werden und sich ihr Tätigkeitsfeld weitgehend auf Haushalt beschränkt. Als ein Beispiel wurden ausdrücklich für Mädchen ausgewiesene Aufgaben eines Mathematikbuchs zitiert, bei denen es nur um Stricken, Häkeln und Sticken ging. In vielen Geschichtsbüchern blieben soziale und politische Einflüsse und Errungenschaften von Frauen und für Frauen — so die Einführung des Frauenwahlrechts — unerwähnt.

Bundesbildungsminister Jürgen Schmude nannte einseitige, die soziale Wirklichkeit des Lebens von Frauen nur unzureichend widerspiegelnde Darstellungen „bedenklich". Er hob hervor, daß aus bildungspolitischer Sicht Form und Inhalt, mit denen in Schulbüchern die Rolle von Frauen abgebildet wird, das Lernen nicht nur von Mädchen, sondern auch von Jungen beeinflußten.

Ü3

Welche Textaussagen von S. 12 werden durch Sachinformationen aus den Texten von Seite 13 bestätigt bzw. widerlegt? Vergleichen Sie mit Ü1.

Ü4

Werten Sie nun die Texte und Bilder von S. 12-13 auf Sachinformationen zu der Frage aus: "Werden Frauen und Männer im Berufsleben gleich behandelt?" Vergleichen Sie dann mit Ihrer Rechte-Tabelle von S. 11.

Farthmann: Frauen droht Rückkehr ins Biedermeier

NRW-Minister sieht Gleichberechtigung in Gefahr

Von unserem Korrespondenten Reinhard Voss

DÜSSELDORF, 10. Januar. Trotz aller anderslautenden Gesetzesbestimmungen und offiziellen Beschwörungen seien die Frauen in der Bundesrepublik nicht gleichberechtigt, meint die nordrhein-westfälische Landesregierung. Sie befänden sich sogar in der Gefahr, „ins politische Biedermeier" zurückversetzt zu werden. Al‚s (männlicher) Frauenbeauftragter der Düsseldorfer Regierung äußerte der Arbeits- und Sozialminister Friedhelm Farthmann (SPD) am Montag bei der Vorlage eines „Frauenberichts" der Regierung die Befürchtung, daß die mühsam erreichten Teilerfolge auf dem Weg zur Gleichberechtigung der Frauen angesichts der schwierigen wirtschaftlichen Lage in der Bundesrepublik zurückgedreht werden könnten.

Noch krasser als ihre Benachteiligung im Berufsleben — so beträgt der durchschnittliche Stundenlohn einer Arbeiterin 11,32 Mark gegenüber 15,59 Mark bei den Arbeitern, der durchschnittliche Monatsverdienst einer Angestellten 2437 Mark gegenübr 3764 Mark bei den männlichen Angestellten — ist die Benachteiligung und Unterrepräsentation der Frauen in nahezu allen gesellschaftlichen und politischen Entscheidungsgremien. Im Bundestag schwankt der Frauenanteil zwischen acht und neun Prozent, im nordrhein-westfälischen Landtag beträgt er gar nur 6,5 Prozent. Ähnliche Zahlen nannte Farthmann für die Leitungsgremien der Gewerkschaften. In den Spitzenorganisationen von Handel und Wirtschaft sind die Frauen sogar nur mit 2,5 Prozent vertreten, obwohl inzwischen bundesweit 50,6 Prozetn der Frauen zwischen 15 und 65 Jahren erwerbstätig sind.

Nach den Erhebungen der nordrhein-westfälischen Landesregierung haben sich die Motive der Frauen für eine eigene Berufstätigkeit in den vergangenen Jahren spürbar verändert. Farthmann: „Immer mehr Frauen nennen als Gründe für die eigene Erwerbstätigkeit neben der Verbesserung des Familieneinkommens die eigenständige Alterssicherung, finanzielle Unabhängigkeit, außerhäusliche Kontakte, Bestätigung und Stärkung des Selbstwertgefühls."

Den weiblichen Schulabgängern wird dieser Weg nicht leicht gemacht. Um einen betrieblichen Ausbildungsplatz zu erhalten, müssen Mädchen nach den Untersuchungen der Landesregierung noch immer höheren Schulabschluß nachweisen als die Jungen. So sei die Chance von Mädchen mit Hauptschulabschluß kaum größer als die von Jungen ohne Hauptschulabschluß, klagte der Frauenbeauftragte am Montag vor der Presse. Dabei drängen die Mädchen noch immer in ganz wenige Berufe. Im Frauenbericht heißt es dazu, daß etwa 40 Prozent der Schulabgängerinnen, die eine Berufsausbildung anstreben, sich auf nur fünf Berufe konzentrieren, nämlich Verkäuferin, Büro-Industriekaufmann, Friseurin und Arzthelferin.

Wenn sich auch an der Benachteiligung der Frauen in den vergangenen Jahren kaum etwas geändert habe, so sei das gewachsene Bewußtsein für Diskriminierung ein wesentliches Verdienst auch der autonomen Frauenbewegung, meint Farthmann". Als „wesentliche Erfolge" dieser Frauenbewegung nannte der Frauenbeauftragte: „Mehr Selbstbewußtsein bei einer großen Zahl von Frauen, das Bewußtmachen der besonderen Probleme von Frauen, mehr öffentliche Aufmerksamkeit für ihre besondere Situation". Um aber noch eine materiell spürbare Verbesserung der Situation der Frauen zu erreichen, plädierte Farthmann für eine „Änderung des Bewußtseins zum Abbau überkommener Rollenvorstellungen" — eine Änderung, die besonders in den Köpfen der Männer stattfinden habe.

S1

Welche Einstellung hatten Sie früher zur Gleichbehandlung von Mann und Frau im Beruf? Schätzen Sie diese jetzt als Vorurteil oder als ausgewogene Meinung ein? Schreiben Sie Ihre jetzige Meinung mit Begründung nieder.

Wir Frauen müssen zusammenhalten.....

FRAUEN WÄHLEN ♀ HERIBERT KOHMANN LISTE 3

DER FRAUEN-BEAUFTRATE SPRICHT!

Insgesamt trifft die Arbeitslosigkeit Frauen (Durchschnittsquote 1984: 10,2%) stärker als Männer (8,5%). Ausländer waren auf das ganze Jahr 1984 bezogen mit 14% ebenfalls überdurchschnittlich betroffen, jedoch saisonbereinigt mit abnehmender Tendenz wegen der insgesamt rückläufigen Zahl ausländischer „Erwerbspersonen" in der Bundesrepublik.

Laut einer Untersuchung der Arbeitsgemeinschaft sozialdemokratischer Frauen (AsF) ist jedes 4. Mädchen an einem Ausbildungsplatz im gewerblich-technischen Bereich interessiert, in dem bisher fast ausschließlich Jungen ausgebildet wurden;
• würden 24 Prozent der befragten Schülerinnen der 9. und 10. Klasse gerne Elektrotechniker, Werkzeugmacher, Gerätemechaniker oder Schlosser werden;
• wären 46 Prozent an einer Ausbildung als Maler, Anstreicher, Tischler oder Dekorateur interessiert;
• wollten nur 30 Prozent der Mädchen Verkäuferin, Friseuse oder Bürogehilfin werden.

Ü5

Ob eine Einstellung ein oberflächliches und deshalb meist falsches Vorurteil oder eine sorgfältig und kritisch gebildete Meinung von höherer Angemessenheit ist, hängt vor allem von zwei Faktoren ab:

1. der Menge der gesammelten Sachinformationen zum Thema;

2. der Art, in der diese Informationen geordnet, ausgewertet und zusammengefaßt werden.

Untersuchen Sie, welche der folgenden Äußerungen zum Thema Sie - gemessen an der Lerninformation der Seiten 10 - 13 - als "Vorurteile" oder eher als solide "Meinungen" einstufen können:

S2

In Ü2 haben Sie sicher festgestellt, daß eine vernünftige Meinungsbildung im Gegensatz zum schnellen Vorurteil eine <u>intensive geistige Verarbeitung möglichst vieler Sachinformationen</u> verlangt. Bildlich gesprochen: Aus einem Puzzlespiel einander ergänzender Informationen entsteht ein Meinungsbild.

Schreiben Sie nun Ihre eigenen Meinungen zur Ungleich- bzw. Gleichbehandlung von Frauen und Männern in einer Liste von einzelnen Aussagesätzen auf. Verwenden Sie bei der Formulierung Ihre Notizen aus der Arbeit mit S. 10 - 15 und Satzanfänge wie die folgenden:

> Ich finde/meine/denke/glaube/behaupte/stelle fest, daß ...
> Ich bin der Meinung/Überzeugung/Ansicht, daß ...
> Meiner Meinung/Überzeugung/Ansicht nach ...
> Es steht für mich fest/außer Zweifel/außer Frage, daß ...

Ü6

Stellen Sie Ihre formulierten Meinungen nach und nach in der Gruppe zur Diskussion. Richten Sie sich darauf ein, daß Sie Ihre Behauptungen oft begründen müssen. - Zur Vorbereitung könnten Sie zuerst einmal diese hitzige Diskussionsszene "fertigschreiben":

3 Wichtige Formen der Äußerung im Gespräch

Jutta und Pit Koppke haben eine 12jährige Tochter, Antje, und zunehmend Probleme mit ihr. Aus dem Gespräch zwischen Vater und Tochter entsteht schrittweise ein Konflikt:

Pit: Antje?

Antje: Hm? Was is'n los?

Pit: Sag mal, hast du die ganze Woche keine Hausaufgaben auf?

Antje: Doch. Warum?

Pit: Weil ich dich dauernd nur mit Kopf-hörer und Comics rumhängen sehe.

Antje: "Dauernd!" Du bist doch nur abends zu Hause! Deshalb kannst du gar nicht sehen, wenn ich nachmittags arbeite und ...

Pit: Tust du das wirklich?

Antje: Ja, klar! - Willst du mich etwa kontrollieren?

Pit: Nein, Quatsch! - Und wenn, hättest du was zu verbergen?

Jutta: Also, weshalb müßt ihr euch schon wieder streiten?

Pit: Streiten? So ein Unsinn! Ich unter-halte mich in aller Ruhe mit Antje - und außerdem werde ich meine Tochter doch nach der Schule fragen dürfen, oder?

Antje: Dieses Gemeckere stinkt mir! Ich geh' jetzt - bin sowieso mit Lisa zum Training verabredet. Tschüs!

Jutta: Du siehst, deine Art, sie zu ver-hören, bringt nichts, nur Ärger. Weil Antje dein Mißtrauen spürt, und das verletzt sie.

Pit: Unsinn! - Macht sie denn nun ihre Hausaufgaben oder nicht?

Jutta: Soviel ich weiß, äh, ja, meistens.

Pit: Meistens, meistens! Findest du die-sen Zustand vielleicht befriedigend?

Jutta: Jedenfalls ist mein Verhältnis zu Antje in Ordnung. Und das finde ich viel wichtiger als die besch... Hausaufgaben. Denn was ist, wenn sie mir auch nichts mehr erzählt, weil sie mir nicht vertraut? Ich find's schon traurig genug, daß zwischen euch der Draht so total gerissen ist ...

Pit: Also, jetzt reicht's mir! Erst den ganzen Tag schuften, und dann noch am Abend geschulmeistert werden wegen dieser dummen Gans!

Ü1

Dieses Gespräch enthält viele wichtige Formen dialogischer Äußerung. Die folgende Liste bietet Beispiele für diese Äußerungsformen aus anderen Gesprächen, zusammen mit einer Funktionsbeschreibung.
Bitte lesen Sie kritisch und diskutieren Sie:

Äußerungsform:	Beispiel:	Funktion:
① Ja/Nein-Frage, Entscheidungsfrage	Fahren Sie dieses Jahr in Urlaub? (- Ja./Nein.)	eng begrenzter Informationswunsch, eingeengte Antwortmöglichkeit
② W-Frage, Ergänzungsfrage, Informationsfrage	<u>Wann</u> fahren Sie dieses Jahr in Urlaub? (- Im Herbst.)	offener Informationswunsch in bestimmte Richtung, Antwort liefert gezielte Information
③ Suggestivfrage, rhetorische Frage	Du wirst <u>doch nicht etwa</u> nach Italien fahren? (- Nein, nein!)	versteckte, aber massive Behauptung: Partner wird unter Druck gesetzt, die erwartete Antwort zu geben
④ Sachaussage	Der Flug nach Venedig kostet hin und zurück 390 Mark.	nachprüfbare Information über Gegenstände, Sachverhalte, Vorgänge, Personen
⑤ emotionale Aussage, Ausruf	Ich brauche endlich mal einen Tapetenwechsel! Nur raus hier!	Information über Gefühle, Stimmungen, Bedürfnisse des Sprechers selbst
⑥ Meinungsaussage	Ich finde, daß jeder 50 Tage Urlaub im Jahr braucht.	Sprecher teilt das Ergebnis seiner Meinungsbildung zum Thema mit
⑦ Argument	<u>Ich bin für</u> Urlaub in den Schulferien, <u>weil</u> da meine Kinder mitfahren können und ohnehin im Betrieb weniger zu tun ist.	Meinung/Behauptung des Sprechers, die rational und nachprüfbar begründet und mit Hilfe von <u>Signalwörtern</u> durchschaubar formuliert ist

Ü2

Suchen Sie nun im Gespräch zwischen Antje, Pit und Jutta Beispiele für die sieben gerade beschriebenen Arten von Äußerung und schreiben Sie eine Liste wie oben.

Ü3

Das Gespräch wird gereizt und unangenehm durch zu viele Ja/Nein-Fragen, emotionale Aussagen/Ausrufe und Suggestivfragen. Formulieren Sie diese in <u>W</u>-Fragen und Sachaussagen um.
Wie verläuft jetzt das Gespräch?

Ü4

Betrachten wir *die* beiden Argumente, die Sie sicher in unserem Gespräch gefunden haben, nach ihrem logischen und sprachlichen Aufbau:

① Du bist doch nur abends zu Hause!	BEGRÜNDUNG = Tatsache
② Deshalb kannst du gar nicht sehen, wenn ich nachmittags arbeite und ...	BEHAUPTUNG = Folgerung

Das <u>kausale</u> (= begründende) Signalwort, das im Argument in der Regel die beiden Aussageteile Behauptung und Begründung verknüpft, steht bei diesem Aufbau am Anfang des Behauptungsteils: <u>deshalb</u>.

Beim folgenden umgekehrten Aufbau steht das kausale Signalwort <u>weil</u> am Anfang der Begründung:

① Du siehst, deine Art, sie zu verhören, bringt nichts, nur Ärger.	BEHAUPTUNG
② <u>Weil</u> Antje dein Mißtrauen spürt, und das verletzt sie.	BEGRÜNDUNG

Im Gespräch zwischen Antje, Pit und Jutta sind noch drei *weitere* Argumente "versteckt". Finden Sie diese heraus und zerlegen Sie sie in Behauptung und Begründung wie in den zwei Beispielen oben.

S1

Im Gespräch Antje-Pit-Jutta gibt es viele Sach- und Meinungsaussagen (= *Behauptungen*), die nicht begründet sind. Finden Sie diese heraus und schreiben Sie selbst in Stichpunkten passende *Begründungen* dazu. Verwenden Sie dafür einen Stichwortzettel mit folgender Anlage:

▶

① Behauptung:

Begründung:

③ Behauptung:

Begründung:

② Behauptung:

Begründung:

④ Behauptung:

Begründung:

Ü5

1. Schreiben Sie nun das Gespräch neu mit dem Ziel, daß darin jedem Gesprächsteilnehmer Informationen und Meinungen ohne störende gefühlsmäßige Verletzung mitgeteilt werden.

2. Spielen Sie dann Ihre "sachlichen" Gespräche durch und vergleichen Sie in der Gruppe die verschiedenen "friedlichen" Lösungen.

Ü6

Welche Regeln zur Vermeidung bzw. Lösung von Konflikten im Gespräch ergeben sich aus dem bisher Gelernten?

S2

Stellen Sie sich vor, jemand spricht Sie mit den folgenden Äußerungen an:

1. Wie würden Sie spontan, ohne langes Überlegen antworten?

2. Wie sollte man Ihrer Meinung nach darauf sachlich, d. h. mit einem Argument, reagieren?

4 Argumentieren und auf Äußerungen reagieren

Das Argument ist der wichtigste gedankliche und sprachliche Baustein des rationalen (= vernunftgesteuerten) Sprechens und Schreibens. Es hat die Aufgabe, eine bestimmte Meinung des Sprechers/Schreibers in Form einer Behauptung (= These) begründet, verständlich und nachprüfbar darzulegen. Wie wir in A1-3 gesehen und geübt haben, ist die Voraussetzung einer soliden Meinungsbildung das gezielte Sammeln und kritische Verwerten möglichst vieler Sachinformationen zu einem Thema. Der Denk- und Arbeitsvorgang von der Information zum formulierten Argument läßt sich vereinfacht etwa so zusammenfassen:

① Sammeln von Informationen

② Vergleichen, Ordnen, Auswerten dieser Informationen

③ Zusammenfassende Folgerung aus dem Informationsvorgang = Bildung einer Meinung

④ Formulierung dieser Meinung in einem Satz = Behauptung

⑤ Formulierung einer nachprüfbaren Begründung zu dieser Behauptung unter Verwendung der ausgewerteten Informationen

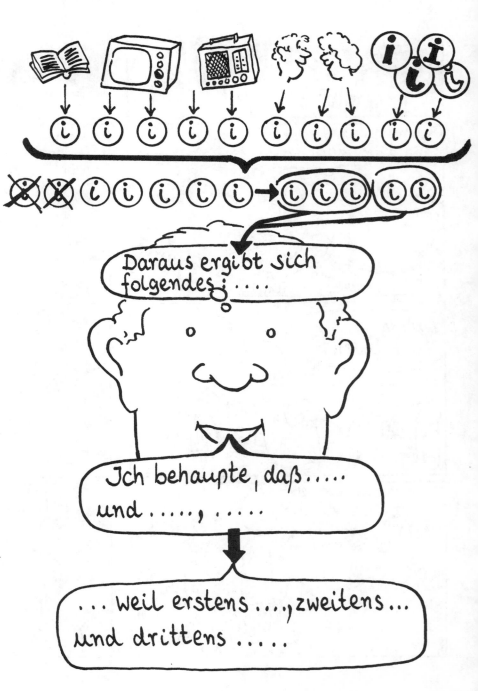

Daraus ergibt sich folgendes: .....

Ich behaupte, daß.....
und.....,.....

... weil erstens ....., zweitens... und drittens .....

Ü1

Die folgenden Original-Textausschnitte enthalten Meinungen und Informationen zum Thema "Waldsterben". Bitte erarbeiten Sie daraus ein eigenes Argument mit Hilfe der Schritte 1 - 5 von Seite 20. Verwenden Sie bei der Formulierung des Behauptungssatzes Signal-Ausdrücke wie Ich finde/denke/meine ... (⟶ Seite 15, S2) und für die Begründung begründende Signalwörter wie weil/denn/da/nämlich ... (⟶ Seite 18, Ü4).

Die Luftverschmutzung durch Schwefeldioxid und Stickoxide, aber auch staubförmige Schwermetalle aus Kraftwerken, Industriebetrieben, Kaminen von Wohnhäusern und Autoabgasen ist die wichtigste Ursache des Waldsterbens.

Der deutsche Wald ist fast am Ende, und es bleibt kaum mehr Zeit, etwas für seine Rettung zu tun.

Im Bayerischen Wald ist der Regen bis zu 130mal saurer als normaler Regen.

Schwefeldioxid und Stickoxide verbinden sich mit dem Regenwasser zu Schwefel- und Salpetersäure. Die Bodenübersäuerung führt zum Absterben der Baumwurzeln und tötet das Bodenleben.

Die Schadflächen in der Bundesrepublik haben sich von 1980–82 verdoppelt.

Ein neues großes Atomkraftwerk kostet ca. 6–7 Mrd. DM.

Der wirtschaftliche Gesamtschaden in der Bundesrepublik durch Schwefeldioxid beträgt jetzt ca. 7–8 Mrd. DM pro Jahr.

Ca. 50% des Schwefeldioxids stammen aus Kraftwerken. Von den 90 größeren Kohlekraftwerken in der Bundesrepublik haben nur 4 Rauchgas-Entschwefelungsanlagen.

1.200.000 Arbeitsplätze hängen vom Wald ab, mehr als in der chemischen Industrie.

Atomkraftwerke statt der Kohle- und Ölkraftwerke können den sauren Regen stoppen.

Zum Ersatz aller deutschen Kohlekraftwerke müßten 34 große Atomkraftwerke gebaut werden. Fertigstellung: 1990–2000.

Wo der Wald stirbt, stirbt der Mensch! Wir zerstören mit den Wäldern unsere wichtigsten Trinkwasser- und Sauerstoffquellen.

Die Rauchgasentschwefelung aller deutschen Kohlekraftwerke kostet ca. 6–8 Mrd. DM. Bauzeit: ca. 5 Jahre.

Der Strompreis steigt durch die Kraftwerk-Sanierungskosten um 1–2 Pfennig/kWh.

Die zweite wichtige Aufgabe des Arguments ist es, den Hörer/Leser geistig und sprachlich zu "aktivieren": Er soll die im Argument aufgestellte Behauptung mit seiner eigenen und anderen Meinungen zum Thema kritisch vergleichen und darauf reagieren. Diese Reaktion des Hörers/Lesers läßt sich meist einem der folgenden Fälle zuordnen:

1. Als richtig akzeptieren, zustimmen ⟶ ÜBERZEUGUNGSVORGANG

2. Als teils richtig, teils unrichtig erkennen und kritisch verändern ⟶ VERÄNDERTES ARGUMENT

3. Als unrichtig ablehnen und begründet widerlegen ⟶ GEGENARGUMENT

4. Als unwesentlich, lächerlich oder dumm betrachten und überhaupt nicht darauf eingehen ⟶ ÜBERGEHEN

Weil es Gesprächspartner zu einer sprachlichen Reaktion "zwingt", gehört das Argument unbedingt zur Dialogauseinandersetzung.

Ü2

Fünf Politikerinnen und Politiker diskutieren über das "heiße" Thema Waldsterben. Betrachten und hören Sie bitte eine Szene aus diesem Gespräch:

①

A

"Sie lenken da nur von der eigentlichen Problematik ab: dem akuten Wald- und Natursterben als Folge der Luft-, Wasser- und Bodenvergiftung! Deswegen müssen wir gegen deren Verursacher hart vorgehen ..."

②

"Prinzipiell finde ich Ihre Überlegung diskutabel. Aber zunächst finde ich die Entgiftung aller Abgase vernünftiger. Unser Wald wäre nämlich schon mausetot, bevor das erste dieser neuen Atomkraftwerke Strom lieferte. Und ein weiterer Grund: Wir schaffen dadurch schnell neue und erhalten viele alte Arbeitsplätze."

B

C

"Ganz richtig! Ich glaube, daß wir tatsächlich alle bisherigen Bedenken zurückstellen und rasch eine entsprechende Kernkraft-Kapazität schaffen sollten."

③

D

④

"Das ist ja umweltpolitisch und wirtschaftlich völlig absurd, weil Atomkraftwerke durch laufende Abgabe von Radioaktivität und durch Produktion von unendlich lange strahlendem Atommüll alles Leben langfristig bedrohen! Und außerdem kostet die Entschwefelung <u>aller</u> Kohlekraftwerke gerade soviel wie <u>ein</u> neues AKW!"

E

⑤

"Ich bin davon überzeugt, daß nur der schnelle und massive Ausbau der Kernenergie das Waldsterben eindämmen kann. Denn Kohle läßt sich nur durch Atomstrom ersetzen, und Kernkraftwerke tragen bekanntlich nicht zur Luftverschmutzung bei."

1. Welcher dieser Diskussionsbeiträge ist (a) das <u>auslösende Argument</u>, (b) das <u>Gegenargument</u>, (c) das <u>veränderte Argument</u>? Welcher zeigt (d) einen <u>Überzeugungsvorgang</u> oder (e) das <u>Übergehen einer Äußerung</u>?

2. Welche Person sagt was? Wie hängen Körpersprache und Sprechen zusammen?

3. Schreiben Sie nun diese fünf Äußerungen so um, daß sie auf andere Leute in einer völlig anderen Gesprächssituation passen: Stellen Sie sich vor, fünf Freunde sitzen abends privat zusammen und diskutieren hitzig!

S 1

Sammeln Sie Informationen zum Thema <u>Waldsterben</u>, <u>Luft-/Wasser-/Bodenvergiftung</u>, <u>Kraftwerke</u> aus Zeitungen, Zeitschriften, Büchern, Radio, Fernsehen und Gesprächen, und formulieren Sie die fehlenden Behauptungen bzw. Begründungen zu folgenden Argument-Teilen:

<u>Behauptung:</u>   <u>Begründung:</u>

① Ich fürchte, das Waldsterben wird zur größten Naturkatastrophe des 20. Jahrhunderts.

②

Denn erstens sind ihre Baukosten astronomisch hoch, zweitens sind sie selbst eine ungeheure Umweltbelastung und drittens machen sie uns vollständig vom Uranexport abhängig.

③ Wir müssen endlich erkennen: Wenn der Wald stirbt, stirbt bald auch der Mensch!

④

Weil der saure Regen durch unsere maßlose Energieverschwendung und durch die rücksichtslos umweltfeindliche Art der Energieproduktion entsteht.

Verwenden Sie dabei bewußt Signalwörter bzw. -ausdrücke:

Ich finde/meine/denke/glaube, ...	..., weil/da/denn ...
Ich bin der Meinung/Ansicht, ...	... nämlich/ja/schließlich ...
Meiner Meinung/Überzeugung nach ...	Zur Begründung möchte ich ...
Es steht fest/ist klar, ...	Als Beleg/Beweis/Begründung ...
Ich gehe davon aus, daß ...	Das wird deutlich/klar aus ...
Wir müssen feststellen/fordern ...	Das begründen/belegen wir mit ...

Ü 3

Diskutieren Sie nun mit allen bereits erarbeiteten Argumenten und solchen, die Ihnen noch einfallen, über das Thema <u>Waldsterben</u>. Benutzen Sie zur Vorbereitung und während des Gesprächs laufend einen Stichwortzettel (Muster auf Seite 18!).

Im Gespräch, noch mehr in der Besprechung oder Diskussion ist es besonders wichtig, daß man von anderen benutzte Argumente, die man für falsch hält, durch eigene Gegenargumente widerlegt. Dazu sind drei Formulierungsschritte nötig:

"Gegnerisches" Argument:	Eigenes Gegenargument:	Formulierungsschritte des Gegenarguments:
	"Da bin ich völlig anderer Meinung!"	*1. Widerspruch ausdrücken*
Behauptung: "Ich meine, die privaten und öffentlichen Waldbesitzer müssen selbst mit dem Waldsterben fertigwerden.	Vielmehr müssen die Verursacher der Luftverschmutzung, besonders die Kraftwerksbetreiber, ihre Fehler korrigieren.	*2. Gegenbehauptung formulieren*
Begründung: Denn sie allein streichen auch seit Jahr und Tag den wirtschaftlichen Gewinn aus der Forst- und Jagdwirtschaft ein."	Sie alle haben nämlich jahrzehntelang zum Schaden der Natur gewaltige Giftmassen in die Umwelt geblasen und haben deshalb auch die Verantwortung. Außerdem leben wir alle vom Wald: Er reinigt die Luft, produziert Sauerstoff und speichert Trinkwasser."	*3. Gegnerische Begründung angreifen* *und eigene (bessere) Gründe darlegen*

S2

Sammeln Sie auf einer Liste Formulierungen, mit denen Sie gut an das gegnerische Argument anknüpfen und ihm widersprechen können = 1. Formulierungsschritt des Gegenarguments. Schreiben Sie erst die kurzen Ausdrücke und dann die längeren auf:

Nein!

Darin kann ich Ihnen leider in gar keiner Weise zustimmen!

Ü4

Schreiben Sie nun mit Hilfe aller Sachinformationen, die Sie inzwischen zum Thema gesammelt haben, ein komplettes Gegenargument zu einem dieser kurzen Argumente:

Die Gefahr des Waldsterbens wird meiner Meinung nach maßlos übertrieben: Es sind 1982 schließlich ja nur acht Prozent der deutschen Waldfläche geschädigt gewesen!

Die Regierungen des Bundes und der Länder sind direkt verantwortlich für die Waldkatastrophe, da der Staat selbst Eigentümer der Großkraftwerke ist und keine scharfen Vorschriften gegen die Luftverschmutzung erlassen hat.

Ü5

Lesen Sie zur Vorbereitung auf das folgende Diskussionsspiel zum Thema "Waldsterben" noch einmal Seite 21 gründlich durch.

<u>Spielregeln:</u> Es gibt zwei Parteien. Die eine (Gruppe A) besteht aus Natur- und Umweltschützern, die andere (Gruppe B) aus Industrie-Experten.
Nun beginnt ein(e) Sprecher(in) der Gruppe A mit einem <u>Argument</u> zum Thema; darauf reagiert sofort ein(e) Sprecher(in) von Gruppe B mit
a) einem <u>Gegenargument</u> oder
b) einem <u>veränderten</u> Argument oder
c) notfalls mit <u>Übergehen</u> der vorausgegangenen Äußerung und einem <u>völlig anderen</u> Argument.
Und so geht es im "Zickzack" immer hin und her, bis jeder dran war. Im zweiten Diskussionsdurchgang beginnt Gruppe B.

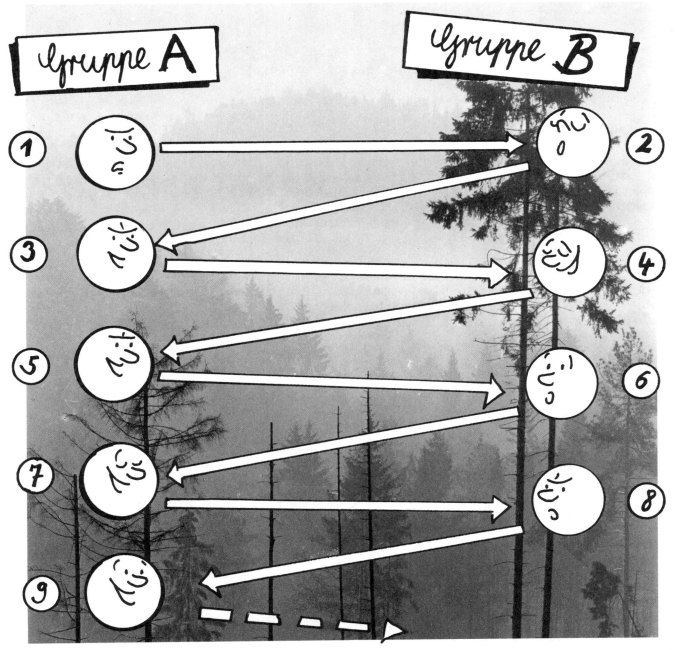

1 Das private und das berufliche Gespräch

Das private Gespräch ist eine spontane Unterhaltung (Konversation) zwischen zwei oder mehr Personen. Ort, Situation, Dauer, Thema, Ziel und Teilnehmer sind vorher in der Regel nicht geplant oder gar festgelegt; es gibt keine(n) Gesprächsleiter(in).

Wie bei jeder Form der sprachlichen Kommunikation zwischen Menschen gibt es auch im privaten Gespräch zwei Ebenen:
a) Die Beziehungsebene, auf der die gefühlsmäßigen und instinktiven Beziehungen zwischen den Gesprächspartnern ablaufen, steht hier im Vordergrund. Es geht etwa um Kontaktaufnahme, Abbau von Angst/Hemmungen/Aggression, Befriedigung, Austragen von Konflikten.
b) Die Inhaltsebene, bei der es um den Sachgehalt, das Thema des Gesprächs, um Informationsaustausch geht, ist im privaten Gespräch meist zweitrangig.

Ü1

Bitte lesen Sie das private Familiengespräch auf Seite 16-17 noch einmal kritisch unter folgender Fragestellung:
1. Was läuft hier auf der Beziehungs- und auf der Inhaltsebene ab? Was ist wichtiger?
2. Welches sind die typischen sprachlichen Äußerungsmittel - das Argument oder andere? Warum?

Das berufliche Gespräch zwischen Kollegen, Vorgesetzten und Untergebenen unterscheidet sich von der privaten Unterhaltung dadurch, daß Ort Situation, mögliche Themen und Teilnehmer stärker festgelegt bzw. eingeschränkt sind. Nun stellt sich die Frage, ob hier etwa die Inhaltsebene die Beziehungsebene an Bedeutung übertrifft.
Lesen Sie bitte dazu den ersten Teil eines beruflichen Gesprächs.

Frau Schulze hat heute den ersten Arbeitstag in ihrer neuen Firma, der "Neue Medien Werbe- und Vertriebs-GmbH und Co KG". Sie ist als selbständige Sachbearbeiterin für die Werbeabteilung eingestellt und wird von Herrn Koller, dem Abteilungsleiter, den beiden im gleichen Büro arbeitenden Kollegen, Frau Henning und Herrn Augenthaler, vorgestellt:

Koller: Schönen guten Morgen! Darf ich Ihnen die langerwartete neue Kollegin vorstellen: Frau Schulze, das ist Frau Henning, unsere Spezialistin für TV-Spiele ...

Henning: Tag, Frau Schulze, freut mich!

Schulze: Mich auch, guten Tag, Frau Henning ...

Koller: ... und das ist Herr Augenthaler, der sich um die Kabelfernseh-Programme kümmert.

Augenthaler: Willkommen in der unschlagbaren Werbeagentur, Frau Schulze! Ich hoffe, es wird Ihnen bei uns Spaß machen ...

Schulze: Danke, ich freu' mich schon drauf ...

Koller: Tja, also, das Aufgabengebiet von Frau Schulze ist im ganzen das ihrer Vorgängerin, das ist ja klar. Also: Sehen Sie mal, wie Sie unseren Kundenkreis in der kommerziellen Fernsehwerbung bedienen und, hähä, vor allem verdoppeln, Frau Schulze! Ihre beiden Kollegen sind ja alte Hasen - lassen Sie sich mal einweihen: fragen, fragen und nochmal fragen!
Ich lasse Sie jetzt mal unter sich - wenn Sie mich brauchen: Anruf genügt! Alsdann, auf gute Zusammenarbeit!

Alle: Danke. Wiedersehen, Herr Koller!

Ü2

1. Welche Sachinformationen bekommen in diesem Gesprächsabschnitt die vier Personen?

Herr Koller	Frau Schulze	Frau Henning	Herr Augenthaler

Wer profitiert also inhaltlich hier am meisten?

2. Welche Absichten verfolgen die vier Personen auf der "Beziehungsebene"?

Herr Koller	Frau Schulze	Frau Henning	Herr Augenthaler

3. Unterstreichen Sie Wörter und Ausdrücke, die zum Aufbau einer positiven gefühlsmäßigen Beziehung beitragen, mit Rot. Markieren Sie Stellen mit Blau, die eher
negative Emotionen auslösen könnten. Wer von den vier Personen tut sprachlich
am meisten auf der Beziehungsebene, wer macht das am *wirkungsvollsten*?

4. Schätzen Sie ein, welche Art von Beziehung Frau Schulze zu ihren neuen Kollegen
entwickeln wird. Tragen Sie die Namen unter dieser Skala ein:

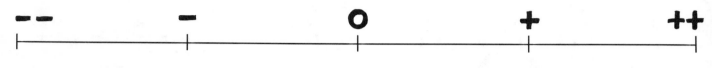

Ü3

Fassen Sie die Ergebnisse zusammen:
1. Was ist die wichtigste Aufgabe dieses Gesprächsabschnitts? Wie könnte man ihn
nennen?
2. Überwiegt der Gesprächsinhalt oder das Entstehen von Beziehungen? Warum?
3. Gibt es hier eine überlegene Person? Falls ja, wie zeigt sich diese Überlegen-
heit, worin liegt sie begründet?

S1

Mit dem Weggang des Abteilungsleiters endete die erste Gesprächsphase der Kontaktaufnahme.
Versuchen Sie jetzt, einige Gesprächsäußerungen aufzuschreiben, mit denen die Unterhaltung zwischen den drei verbleibenden Personen weitergehen könnte.

Betrachten, lesen und hören Sie nun den zweiten Teil des Gesprächs –
eine mögliche Fortsetzung:

Henning: So, da wären Sie also! Zigarette, Frau Schulze?

Schulze: Danke, gern! - Wenn Sie's nicht stört, Herr Augenthaler?

Augenthaler: Ach, wissen Sie, ich hab' mich schon daran gewöhnt, daß in der Werbung alle qualmen ...

Schulze: Warum? Geht's hier so hektisch zu?

Henning: Na ja, es reicht. Wir sind heilfroh, daß Sie da sind! Eigentlich machen wir den Job von 10 Leuten ...

Schulze: Das ist scheinbar überall so in der Werbung ...

Augenthaler: Ja? - Wo waren Sie denn vorher, wenn ich fragen darf?

Schulze: Sicher dürfen Sie! - Mein letzter Job war bei einer Werbefirma, die sich auf TV- und Rundfunk-Werbesendungen spezialisierte.

Henning: Und warum sind Sie da weggegangen?

Schulze: Der Laden wurde dichtgemacht: Ableger eines US-Medienkonzerns, Parker and Doolittle, falls Sie den kennen. Zu geringe Umsätze, zu hohe Kosten ... Sie wissen schon.

Augenthaler: Na, das ist hier ganz anders. Es boomt! Jede Menge Projekte. Interessanter Markt, der sich entwickelt ... Man hat nur einfach zu viel um die Ohren!

Ü4

1. Ändert sich etwas zwischen den drei verbleibenden Gesprächspartnern durch den Weggang von Herrn Koller? Bitte werten Sie gedruckten Text, Bilder und Cassetten-Aufnahme aus:

Sprache	Themen/Inhalt	Körpersprache	Gesprächston	Atmosphäre

2. Was verursacht die Veränderungen im Gespräch? Liegen diese mehr auf der Inhalts- oder der Beziehungsebene?

Ü5

1. Welcher der vier Satztypen ① Aussage, ② Frage, ③ Befehl/Aufforderung, ④ Ausruf ist für diesen Gesprächsabschnitt charakteristisch?

2. Was hat das zu tun mit
   - dem Inhalt/Informationsgehalt dieser Gesprächsphase?
   - der Entwicklung der persönlichen Beziehungen?

3. Bekommt eine der Personen mehr Informationen als die anderen? Ist eine Person hier deutlich tonangebend oder untergeordnet - warum/warum nicht?

S2

Nehmen wir an, dieser Gesprächsabschnitt würde anders eröffnet:

Schulze: Stört Sie's, wenn ich rauche?

Henning: Nee, ich rauche eine mit! – Feuer?

Augenthaler: Oh Gott, noch eine Raucherin! Das kann ja heiter werden ...

Schreiben Sie den Gesprächsverlauf fertig. Versuchen Sie dabei, dieselben Informationen wie im gedruckten Text (Seite 29 oben) zu verwenden.
Wie verändert sich das Verhältnis zwischen den drei Personen durch diese Eröffnung?

Ü6

In dem Gesprächsabschnitt von Seite 29 oben sind mindestens drei Argumente "versteckt": Es fehlen aber deutlich erkennbare Signalwörter für Behauptung und Begründung. Finden Sie diese Textstellen und verbessern Sie die Formulierung, damit sie als Argumente klar und verständlich werden. Benutzen Sie dabei einen Stichwortzettel (Muster Seite 18).

Ü7

Unterscheiden sich die beiden Frauen sprachlich von ihrem Kollegen und voneinander? Erfassen Sie die folgenden sprachlichen Elemente nach Häufigkeit:

	Frau Schulze	Frau Henning	Herr Augenthaler
Interjektionen/ Ausrufe			
Fragen			
grammatisch unvollständige Sätze			
kurze Äußerungen			
lange Äußerungen			
Höflichkeitsfloskeln			
Ironie/Kritik			

Ü8

Werten Sie diesen 2. Gesprächsabschnitt zusammenfassend:
1. Was ist seine wichtigste Aufgabe im Unterschied zum 1. Abschnitt?
   Wie würden Sie ihn deshalb nennen?
2. Welches Gewicht haben hier Inhalts- und Beziehungsebene? Wie haben sich die Beziehungen der drei Personen zueinander verändert - und warum?
3. Was bedeutet es, daß in dieser Gesprächsphase - wenn auch unauffällig - einige
   wenige Argumente auftreten?

Frau Schulze möchte nun gerne Genaueres über ihre zukünftige Arbeit erfahren. Sie
muß dazu das Gesprächsthema wechseln, also auch die Initiative ergreifen.

S3

Schreiben Sie das Gespräch zwischen den drei Kollegen selbst weiter:
Suchen Sie zuerst eine geeignete Äußerung für Frau Schulze, mit der sie das Gespräch
auf ihre zukünftige Arbeit bringen kann. Sammeln Sie dann mögliche Reaktionen von
Frau Henning und Herrn Augenthaler auf diese Formulierung. Beispiel:

Ü9

Bitte sammeln Sie: Welche Fehler kann man generell beim Themawechsel machen? Wie
wirken sich solche Fehler auf die Beziehungen zwischen Gesprächspartnern aus? Und
welche Folgen hat das für die Bereitschaft der anderen, Informationen zu geben?

Fehler beim Themawechsel	→ Beziehungen	→ Informationsbereitschaft
Beleidigung anderer	total negativ	keine

Lesen, hören und betrachten Sie nun einen möglichen Ablauf der 3. Gesprächsphase:

Schulze: Übrigens, sagen Sie, wo werde ich denn arbeiten? Zeigen Sie mir mal alles so ein bißchen?

Henning: Ach je! Das Wichtigste hätten wir natürlich vergessen! Seh'n Sie mal: Das hier ist Ihr Schreibtisch - sauber aufgeräumt, was? Telefon, Bildschirmgerät, Datenausdrucke. Hier ist die Kundendatei, unser Produktkatalog, hier der Organisationsplan der Firma ...

Schulze: Hören Sie, wie ist denn eigentlich der oberste Chef, Herr Friederichs? Ich hab' ihn nur mal kurz gesehen ...

Augenthaler: Da halt' ich mich ganz raus! Fragen Sie besser Frau Henning.

Henning: Sie müssen wissen, mit Männern kommt der Boss nicht so gut aus - besonders solchen mit scharfer Zunge! Aber Sie sind ja 'ne Frau - er hat sehr gute Manieren. Versteht viel von Finanzplanung, aber zum Glück wenig von Werbung ...

Schulze: Heißt das, daß man hier dann eigene Ideen auch mal in die Tat umsetzen kann?

Augenthaler: Na ja, da gibt's halt auch noch Koller!

Henning: Ach, so schlimm ist er auch wieder nicht ...

Schulze: Wieso, wie *ist* er denn eigentlich?

Henning: Eigentlich ein ganz netter Typ: leutselig, trinkt auch gern mal einen, arbeitet wie wild.
Nur - , er möchte halt über alles bis ins Detail informiert werden. Und das ist eben bei dem Arbeitsdruck hier kaum zu machen ...

Augenthaler: Und entscheiden, das fällt ihm ziemlich schwer!

Schulze: Aber, ich dachte, wir sind hier alle selbständige Sachbearbeiter?!

Augenthaler: Selbständig? Schönes Wort! Das heißt im Klartext: Daten sammeln, auswerten, Entscheidungen vorbereiten - für Koller.

Schulze: Ach so - im Einstellungsgespräch hat das alles ein bißchen anders geklungen ...

Henning: Der Kollege Augenthaler sieht das alles aber auch ein bißchen zu negativ. Wenn Sie Koller alles ganz präzise vorbereiten, so daß dann nur *eine* bestimmte Entscheidung sinnvoll ist, dann läuft das schon so, wie Sie sich das vorstellen.

Schulze: O.K., wir werden ja sehen! -
Übrigens, was sind denn so in meinem Bereich die wichtigsten Kunden und Projekte? Sie kennen das alles ja sicher aus der Zeit, wo Sie meinen Job so mitbetreut haben.

Augenthaler: Also, dann woll'n wir mal! Sehen Sie, hier ...

Ü10

Untersuchen Sie die Formulierung von Frau Schulzes erster Äußerung:

"Übrigens, sagen Sie, wo werde ich denn arbeiten?

_____

Zeigen Sie mir mal alles so ein bißchen?"

_____

1. Streichen Sie aus beiden Fragen alle Wörter/Ausdrücke, die für das inhaltliche
   Verständnis nicht wichtig sind. Schreiben Sie dann diese "nackten" Sätze unter
   die ursprünglichen Formulierungen.
2. Welche Arten von Wörtern/Ausdrücken haben Sie gestrichen? (⟶ *Bausteine Deutsch 1*,
   S. 10, 34 - 35, 41 - 43, 45 - 46) Was ändert sich im Ton der Fragen durch ihren
   Wegfall? Ergibt das Unterschiede auf der Beziehungsebene? Bleibt der zweite Satz
   noch eine echte Frage?
3. Wie würden Sie selbst auf solche Kurzfragen reagieren? Warum?

S4

1. Bitte unterstreichen Sie im gedruckten Gesprächstext
   - alle <u>Sachinformationen</u> mit <u>Grün</u>,
   - alle mehr oder weniger deutlichen
     <u>Argumente</u> mit <u>Rot</u>.

2. Welche Personen bekommen neue Sachinformationen? Warum?
3. Wer verwendet Argumente? In welcher
   Art von Gesprächssituation geschieht
   das und zu welchem Zweck?

Ü11

Frau Schulze (und Sie)
haben im Dialog Hinweise
auf die Beziehungen be-
kommen, die zwischen den
vier anderen Personen
bestehen.

1. Zeichnen Sie in diesen
   "Beziehungskreis" mög-
   lichst von jeder der
   vier Personen zu jeder
   anderen

- <u>rote Pfeile</u> für "posi-
  tive Beziehung" und

- <u>blaue Pfeile</u> für "negative Beziehung".

2. Werten Sie nun das Gespräch mit Hilfe dieses "Gruppenbilds" sprachlich aus:
Durch welche Formulierungen haben Sie (mit Frau Schulze) persönliche Informationen über diese Vierergruppe bekommen?

... Beziehung zu ...	Frau Henning	Herrn Augenthaler	Herrn Koller	Herrn Friederichs
Frau Hennings ...		*"Männer mit scharfer Zunge"*	___ ___ ___ ___	___ ___ ___ ___
Herrn Augenthalers ...	___ ___ ___		___ ___ ___	___ ___ ___
Herrn Kollers ...	___ ___ ___	___ ___ ___		___ ___ ___
Herrn Friederichs' ...	___ ___ ___	___ ___ ___	___ ___ ___	

Ü12

Können Sie an Frau Schulzes Reaktionen auf solche persönlichen Informationen ablesen, wie ihre Einstellung zu den vier anderen sich entwickelt? Sammeln Sie Beobachtungen vor allem zu:

Interjektionen	Abtönungswörter	Adverbien	Sprechmelodie/ Pausen
Hören Sie, ...	denn	eigentlich	

S5

1. Schreiben Sie nun den dritten Gesprächsteil (S. 32) um, und zwar in zwei Fassungen:
   - Frau Schulze verhält sich übervorsichtig, weil sie nichts von ihrer persönlichen Reaktion verraten möchte.
   - Frau Schulze reagiert ganz spontan und spricht ihre persönlichen Gefühle und Meinungen offen aus.

2. Spielen Sie Ihre Gesprächsfassungen in Dreiergruppen durch und diskutieren Sie die Unterschiede.

Ü13

Überdenken Sie, was Sie an Ergebnissen zu dem gesamten Gesprächsablauf (Teile 1 - 3 ab S. 26) gefunden haben:

1. Was passiert inhaltlich in den drei Phasen, was auf der Beziehungsebene?

2. Warum nehmen informations- und argumenthaltige Äußerungen im Gesprächsverlauf zu?

3. Welche Position hat Frau Schulze am Anfang, welche am Ende - besonders im Verhältnis zu ihren zwei Kollegen? Hat sie ein bestimmtes Gesprächsziel verfolgt und erreicht?

4. Welche Fehler hat sie eventuell gemacht?

Ü14

Spielen Sie in Dreiergruppen eines der folgenden beruflichen Gespräche durch und verwenden Sie bei Ihrer gründlichen Vorbereitung darauf den Stichwortzettel (vgl. S. 18) zum Notieren Ihrer Gesprächsziele. Testen Sie praktisch, was sie über die typischen Gesprächsphasen:

① Kontakt aufnehmen   ② Beziehungen klären   ③ Informationen/Argumente austauschen
gelernt haben.

A Frau/Herr Schmithel, Handelsvertreter(in) in der Branche..., besucht einen wichtigen Kunden zum erstenmal und möchte mit ihm - auf Dauer gut ins Geschäft kommen. Auf der Kundenseite nehmen Finanzchef(in) und Einkaufsleiter(in) teil.

B Frau/Herr Amstadt hat per Zeitungsinserat Geschäftspartner für ein Café mit Weinstube gesucht, die sie/er bald in einer Kleinstadt eröffnen will. Sie/Er braucht eher arbeits- mäßige als Kapital-Unterstützung. Das Ehepaar Kohl hat sich beworben und besucht sie/ihn zu einem ersten Gespräch über eine mögliche Zu- sammenarbeit.

C Frau/Herr Sölle hat sich um eine interessante Stelle bei der Stadt- verwaltung beworben (Leiter(in) der Presseabteilung), obwohl aus- drücklich eine Person des anderen Geschlechts gesucht wird. Gesprächspartner sind der Oberbürgermeister und die Vor- sitzende des Personalrats. Frau/Herr Sölle möchte vor allem durch sachliche Argumente für sich einnehmen, nicht aber direkt auf Gleichbehandlung der Geschlechter pochen.

2 Die berufliche Besprechung

Die Besprechung unterscheidet sich vom normalen Gespräch dadurch, daß sie organisierter und zielgerichteter ist: Ort, Zeitpunkt und Dauer, Themen, Ziel und Teilnehmerkreis liegen vor Beginn ebenso fest wie die einladende und meist auch leitende Person. Oft ist auch das Ergebnis einer beruflichen Besprechung nicht offen, sondern von vornherein geplant oder gar bekannt. Das hängt mit der eher autoritären Funktion der Besprechung zusammen: Sie dient vor allem der Weitergabe von Informationen und Meinungen von "oben" nach "unten" und mündet in Handlungsanweisungen für die Teilnehmer.

In der Werbeabteilung der Firma "Neue Medien" kriselt es. Der Geschäftsführer, Herr Friederichs, lädt alle Mitarbeiter der Abteilung zu einer Besprechung ein, auch die beiden Sekretärinnen (Frau Mintschke und Frau Bäuerlein) und die Außendienstler (Herrn Knoll und Herrn Winterfeld).
So bekommt Frau Schulze die Einladung auf den Schreibtisch:
(⟶ *Bausteine Deutsch 2*, S. 46 - 49)

Von			
Dr. Friederichs, Geschäftsleitung		**Mitteilung**	
	Dr. F / GL	08.10.84	
	Unser Zeichen	Datum	
	Kopie an		

An	Mit der Bitte um:	☐ Erledigung	☐ Entscheidung	☐ Rückgabe
Herrn Koller, AL-We	☒ Verbleib	☐ Anruf		☐ Stellungnahme ☒ Kenntnis
Frau Henning				
Frau Schulze				
Herrn Augenthaler				
Frau Bäuerlein				
Frau Mintschke				
Herrn Knoll				
Herrn Winterfeld	Anlage			

(Zweckform selbstdurchschreibend ohne Kohlepapier · Nr. 1740)

Abteilungsbesprechung Werbung/Außendienst

Wie mir berichtet wurde, sind in der Werbeabteilung erhebliche Differenzen über Verteilung und Einsatz personeller und finanzieller Mittel aufgetreten. Es steht zu befürchten, daß sich derartige Unstimmigkeiten auf die Leistungsfähigkeit einzelner Mitarbeiter und der Abteilung insgesamt negativ auswirken könnten.
Aus diesem Grunde bitte ich Sie zu einer klärenden Abteilungsbesprechung über die anstehenden Fragen.
Ort: Konferenzzimmer der Geschäftsleitung, Zi. 418
Termin: Mittwoch, 10.10.84, 9.00-ca. 10.00

Sollten Sie zu diesem Termin aus zwingendem Grund verhindert sein, bitte ich um umgehende telefonische Rücksprache.

Dr. F.

Ü1

Betrachten Sie diese Aktennotiz:

1. Wie finden Sie Stil und Ton des Schreibens?

freundlich   kollegial   verbindlich   förmlich   steif   autoritär   drohend

2. Welche Formulierungen im Text lassen
   Vermutungen zu, die Herrn Friederichs'
   Meinung bzw. Stimmung betreffen?

3. Wie stellen Sie sich die Reaktion von
   Herrn Koller und die der drei Sachbearbeiter Henning, Schulze, Augenthaler
   beim Lesen vor?

4. Wie stellen Sie sich Herrn Friederichs
   beim Diktieren dieser Aktennotiz vor?
   ZEICHNEN SIE IHN DOCH MAL!

Herr Friederichs

Ü2

Unterstreichen Sie alle Sachinformationen
im Text der Einladung.

1. Werden alle wichtigen, auf Seite 36
   oben genannten, Informationen ge-
   bracht?

2. Fehlen für einzelne Teilnehmer Inform-
   mationen, die sie z. B. zur Gesprächsvorbereitung brauchen könnten?

3. Ist klar, wer die Besprechung leiten
   und was deren Ergebnis sein wird?

S1

Schreiben Sie nun selbst zwei andere Formen dieser Aktennotiz zur Einladung an die
Mitarbeiter der Werbeabteilung:

Typ 1:

Herr Friederichs bleibt völlig neutral
und sachlich; er macht keinerlei Andeu-
tungen und nimmt nicht Partei.

Typ 2:

Herr Friederichs ist betont freundlich
und partnerschaftlich; er versucht, das
Klima vor der Besprechung zu entspannen
und mögliche Ängste einzelner Mitarbeiter zu zerstreuen.

Am Tag der Besprechung haben alle eingeladenen Teilnehmer (als letzter um Punkt neun Uhr Herr Friederichs) am Konferenztisch Platz genommen. Protokoll führt die Chefsekretärin, Frau Schwalbe.

Bitte hören und lesen Sie nun, wie die Besprechung "läuft". Achten Sie beim ersten Durchgang vor allem auf gefühlsmäßige und instinktive Reaktionen der Teilnehmer untereinander. Beim zweiten Lesen/Hören sollten Sie besonders auf enthaltene Informationen und Argumente achten.

Friederichs: Also, meine Damen und Herren, Sie wissen ja alle, warum wir hier zu-
sammensitzen. Gleich vorweg: Meine Zeit ist äußerst knapp bemessen! Mir liegt
deshalb sehr daran, daß wir alle strittigen Fragen bis zehn Uhr klären - ich
habe um 10 Uhr 30 einen wichtigen Termin in der Stadt. -
Herr Koller, wollen Sie zuerst einmal berichten!

Koller: Zunächst ..., ich meine auch, daß sich alle Fragen in Kürze und ohne Probleme klären lassen, Herr Doktor Friederichs.
Nun, äh, wenn ich das richtig sehe, findet Frau Schulze, nachdem sie sich einmal
richtig eingearbeitet hat, daß für ihren Bereich - kommerzielle TV-Werbung - zu
wenig Geld und Arbeitskapazität eingesetzt wird ...

Schulze: Darf ich dazu gleich was sagen?

Friederichs: Hören wir doch erst Herrn Kollers Bericht zu Ende, Frau Schulze, ja?!

Koller: Ähm, also, wie gesagt: Äh, konkret meint Frau Schulze, äh, dadurch, daß
ihre Position eine gewisse, ähm, Zeit, ähm, nicht besetzt war, sei das Interesse
der Firma, ähm, und der anderen beteiligten Mitarbeiter, äh, sozusagen zwangs-
läufig, äh, vom Kundenkreis der TV-Werber abgezogen worden. Sie meint dabei
wohl vor allem den Außendienst und den Werbe-Etat, der ihr zur Verfügung steht,
äh ...

Friederichs: Was meinen dazu denn die Herren vom Außendienst? Herr Knoll?

Knoll: Danke sehr, ich wollte eben ums Wort bitten! Emm ..., ich sage jetzt ganz
offen meine Meinung, emm, ich halte die ganze Frage für stark überzogen. Kollege
Winterfeld und ich bereisen den Kundenstamm und interessante Neukunden auf diesem Sektor ebenso intensiv wie die der anderen Bereiche. Andererseits ist jeder-
mann klar, daß die Fernsehwerbung ein besonders schwieriges Feld mit starkem
Konkurrenzdruck ist. Und die Abschlüsse in unseren anderen Marktbereichen sind
eben eindeutig besser ...

Friederichs: Heißt das, Sie finden die werbliche Vorbereitung der Fernsehkunden
durch unsere Innenmitarbeiter weniger befriedigend?

Knoll: Also, ich würde das so sagen: Wir haben einfach mehr Erfahrung und Knowhow auf den anderen Gebieten. Das ist keineswegs, emm, als Kritik an Frau Schulzes Arbeit - die ich sehr hoch schätze - zu verstehen, emm ...

Friederichs: Frau Schulze, wie beurteilen Sie Herrn Knolls Ausführungen?

Schulze: Offen gesagt, ich sehe das ganz anders als Herr Knoll! Man kann einen Markt nicht als schwierig und unrentabel bezeichnen, solange man ihn nicht gründlich getestet hat. Und das heißt konkret: durch intensiven Einsatz von Werbemitteln und regelmäßige Außendienst-Kontakte.

Koller: Finden Sie denn, das wäre nicht passiert?

Friederichs: Werter Herr Koller, das Fragen überlassen Sie heute bitte mir! - Was meinen die beiden Sachbearbeiter-Kollegen? Frau Henning!?

Henning: Wissen Sie, Herr Friederichs, ich kann mich gut in Frau Schulzes Lage versetzen: Sie ist neu in der Firma, packt ihr Aufgabengebiet mit vollem Schwung an - und alle Hemmnisse, die auftreten, müssen ihr als Blockieren ihrer Aktivität erscheinen. Ich könnte mir schon denken, daß ihr Werbe-Etat und der Anteil am Einsatz des Außendienstes ...

Friederichs: Danke, Sie blasen also ins gleiche Horn wie Ihre Kollegin! - Ich nehme an, Herr Augenthaler wird sich galant der Damen-Mehrheit anschließen?

Augenthaler: Äh, nicht, weil sie die Mehrheit sind, sondern weil ich ihre Meinung für völlig richtig ...

Friederichs: Also doch. - Herr Koller, Sie haben da ein wirklich geschlossenes Werbeteam, wie? -
Inwiefern ist eigentlich das Sekretariat betroffen, meine Damen?

Mintschke: Äh, also, äh, Frau Bäuerlein und ich schreiben für Herrn Koller, Frau Henning, Frau Schulze und Herrn Augenthaler. Und da ist es schon manchmal schwierig zu entscheiden, welchen Vorgang man zuerst bearbeiten soll ...

Friederichs: Also hören Sie mal! Da gibt's doch nur *eine* Antwort: Wer zuerst kommt, mahlt zuerst!

Schulze: Aber es gibt doch Wichtiges und weniger Wichtiges!

Friederichs: Das müssen Sie ausgerechnet mir erzählen! Wir wissen in der Geschäftsleitung sehr genau, wo die Schwerpunkte liegen.
Um nun endlich zum Abschluß zu kommen: Der Werbe-Etat kann keinesfalls erhöht
werden, ebenso wenig der Stab an Außendienstmitarbeitern. Das ergibt sich schon
aus der angespannten Kostenlage und der allgemeinen Notwendigkeit zu sparen.
Vielleicht überlegen die Damen und Herren Werbesachbearbeiter stattdessen mal,
wie sie selbst ihren Arbeitseinsatz ökonomischer gestalten können.
So, ich glaube, das wär's wohl. Das Protokoll bekommen Sie in den nächsten Tagen
von Frau Schwalbe, ja? Noch Fragen? Nein? Dann - besten Dank, Wiedersehn!

Ü3

1. Tragen Sie nach Ihrem spontanen ersten Eindruck namentlich in diese "Pyramide"
   ein, wo die Gesprächsteilnehmer nach ihrer Rolle in dieser Besprechung und nach
   ihrem Einfluß in der Firma wohl stehen - eher oben oder unten?

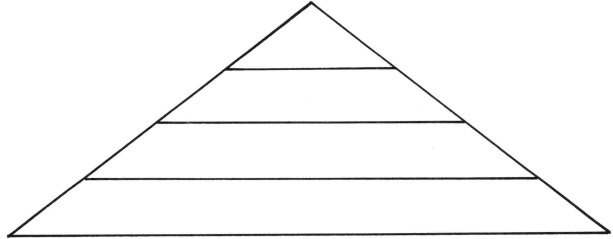

2. Vergleichen Sie mit Ihrer Personen-Pyramide die Reihenfolge, in der die einzelnen Personen/-gruppen zu Wort kommen. Wie weit stimmt das überein? Warum (nicht)?

3. Hat die Sitzordnung am Konferenztisch (Seite 38) auch etwas mit der Rangfolge
   bzw. der Rollenverteilung in der Firma zu tun? Welchen Einfluß könnten die folgenden Sitzordnungen auf einen Gesprächsablauf haben?

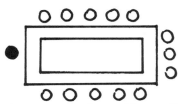 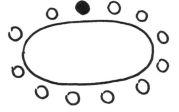 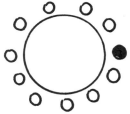

4. Welche Person hat diese Besprechung ausgelöst, und wieso stört sie das vorher
   offenbar feste Gefüge der Abteilung?

Ü4

Wie versteht es Friederichs, den Besprechungsablauf nahezu vollständig zu kontrollieren? Suchen Sie Formulierungsbeispiele aus dem Text und benennen Sie diese Tech-
niken des "autoritären" Gesprächsleiters.

Beispiele	Techniken
Sie wissen ja alle, warum ...	Unterstellung

Ü5

Welches Gesprächsziel hat Herr Friederichs, und wie setzt er es taktisch durch?

1. Vergleichen Sie seine einleitenden und abschließenden Worte. Ist seine Forderung: "alle strittigen Fragen bis zehn Uhr klären" ernst gemeint? Wie wird sie erfüllt?

2. Welchen Einfluß auf das Besprechungsergebnis haben die Reihenfolge der Gesprächsbeiträge und die Worterteilung durch Friederichs?

3. Welche Personen setzen das Mittel der Unterbrechung anderer gezielt ein? Wie häufig tun sie das? Mit welchen Zielen und mit welchem Erfolg?

"Unterbrecher"	"Unterbrochener"	Wie oft?	Zweck	Erfolg +/−

4. Welche Personen/-gruppen haben vergleichsweise hohe Gesprächsanteile, welche nicht? Inwiefern spiegeln die Gesprächsanteile das Ergebnis der Besprechung für die verschiedenen Gruppen?

Ü6

Die Besprechungsteilnehmer reagieren sehr unterschiedlich auf Herrn Friederichs' Art der Gesprächsleitung:

① mit absoluter Unterwürfigkeit,

② mit Vermittlungsversuchen zwischen den Gegnern,

③ mit offenem Widerstand.

1. Versuchen Sie nun in einem dritten Textdurchgang, jeden Sprecher einem dieser Verhaltensmuster zuzuordnen. Suchen Sie im Text typische Formulierungen als Belege für diese Entscheidung:

Sprecher	Verhaltensmuster	Typische Formulierungen
Koller	Unterwürfigkeit	"ich meine auch, ... Herr Doktor Friederichs "

2. Bewerten und kritisieren Sie das Verhalten der Gesprächsteilnehmer im Hinblick auf Ehrlichkeit und Vertretung eigener oder fremder Interessen.

3. Welche taktischen und sprachlichen Mittel des Widerstands kennen Sie außer denen, die Sie im Text gefunden haben? Welche davon könnte man in einer solchen beruflichen Besprechung auch einsetzen?

S2

Sie haben autoritäre Gesprächsleitung und unterschiedliche Reaktionen darauf untersucht und kritisiert.
Entwerfen Sie nun Rahmenbedingungen für einen nicht-autoritären, also demokratischen, partnerschaftlichen Verlauf der Besprechung zum gleichen Thema mit denselben Teilnehmern. Welche Änderungen schlagen Sie bei den folgenden Punkten vor?
Notieren Sie Stichpunkte auf diese Liste:

● Einladung
● Ort
● Zeitpunkt/Dauer
● Themen
● Gesprächsleiter(in)
● Sitzordnung
● Art der Gesprächsleitung
● Worterteilung/Rednerfolge
● Protokollführer(in)
● Gesprächsanteile
● Unterbrechen
● Verhaltensmuster
● Art der Äußerungen (z. B. Argument)
● Gesprächstaktik
● Ergebnisse/Beschlüsse
● ...

Ü7

1. Spielen Sie nun die "veränderte" Besprechung in zwei Gruppen: Eine Gruppe übernimmt Rollen, die andere beobachtet und kritisiert hinterher.

2. Fassen Sie die Ergebnisse zusammen: Was sind die charakteristischen Merkmale einer demokratisch-chancengleichen Besprechung?
Welche Probleme ergeben sich damit erfahrungsgemäß in der Berufspraxis?

3 Kurz- und Ergebnisprotokoll

Das Protokoll ist ein möglichst objektiver (= wahrheitsgemäßer und neutraler) Bericht über ein wichtiges Gespräch, eine Besprechung, Diskussion oder Verhandlung. Das Protokoll hat mehrere Aufgaben:

1. Es dient als Gedächtnisstütze und Nachschlagemittel für Gesprächsteilnehmer, besonders bei längerem Zurückliegen des Vorgangs.

2. Es bietet Nichtteilnehmern verläßliche Information über das Gespräch.

3. Es hält die Ergebnisse und (je nach Ausführlichkeit) den inhaltlichen Verlauf des Gesprächs für alle Teilnehmer verbindlich fest und kann als Beweismittel verwendet werden - falls nicht schriftlich gegen etwa enthaltene Unrichtigkeiten protestiert wird.

Nach Umfang und Zweck unterscheidet man vier Protokoll-Typen:

Wörtliches Protokoll	Enthält wie ein Tonband-Mitschnitt den gesamten Gesprächsverlauf unverändert und ungekürzt.
Ausführliches Protokoll	Enthält neben den vollständigen Gesprächsergebnissen alle wichtigen (d. h. informations- und argumenthaltigen) Beiträge mit Nennung der Sprechernamen, aber in gekürzter Form. Auch die Reihenfolge der Äußerungen kann zur systematischen Zusammenfassung geändert sein.
Kurzprotokoll	Enthält neben den vollständigen Gesprächsergebnissen nur die für den Gesprächsverlauf zentralen Informationen und Argumente des Gesprächs ohne Namensnennung sowie in stark verkürzter und zusammengefaßter Form.
Ergebnisprotokoll	Enthält nur die vollständigen Gesprächsergebnisse.

Ü1

Um ein Kurz- oder Ergebnisprotokoll schreiben zu können, muß man vor allem die wichtigsten Informationen und Argumente aus einem Gespräch "heraushören" lernen. Als Vorübung dazu untersuchen wir den Text der abschließenden Äußerung von Herrn Friederichs in der Besprechung (S. 41 oben):

Friederichs: Das müssen Sie ausgerechnet mir erzählen! Wir wissen in der Geschäftsleitung sehr genau, wo die Schwerpunkte liegen. Um nun endlich zum Abschluß zu kommen: Der Werbe-Etat kann keinesfalls erhöht werden, ebenso wenig der Stab an Außendienstmitarbeitern. Das ergibt sich schon aus der angespannten Kostenlage und der allgemeinen Notwendigkeit zu sparen. Vielleicht überlegen die Damen und Herren Werbesachbearbeiter stattdessen mal, wie sie selbst ihren Arbeitseinsatz ökonomischer gestalten können. ...

1. Die im Text markierten Wörter enthalten die wichtigsten Informationen, die der/die Protokollierende braucht. Welches ist die häufigste Wortart? Welche anderen Wortarten kommen noch vor? (→ *Bausteine Deutsch 1,* S. 10) Läßt sich das erklären?

2. In einem ausführlichen Protokoll könnte diese Äußerung zusammengefaßt so beginnen:

> Dr. Friederichs meinte, die Geschäftsleitung kenne die Schwerpunkte genau. Der Werbe-Etat könne nicht ...

   Bitte schreiben Sie diese Zusammenfassung fertig und verwenden Sie dabei wie hier die berichtete Rede (→ *Bausteine Deutsch 1*, S. 14 - 15).

3. Gehen Sie nun Ihre Zusammenfassung kritisch durch und streichen Sie alle Wörter, die für die Anforderungen an ein Kurzprotokoll (vgl. S. 44) nach Ihrer Meinung nicht wesentlich sind.

4. Schreiben Sie nun in zwei Sätzen den entsprechenden Kurzbericht fürs Ergebnisprotokoll. Verwenden Sie dabei direkte Rede (keine Namen, keinen Konjunktiv).

S1

Hören Sie nun nochmals die Besprechung der Werbeabteilung und der Geschäftsleitung der Firma "Neue Medien" von der Cassette.

Hören Sie immer nur einen Gesprächsabschnitt (von einem Signal bis zum nächsten) und machen Sie sich Notizen zu allen wichtigen Informationen, Argumenten und Ergebnissen.

Kürzen Sie dann Ihre Notizen und werten Sie sie aus, indem Sie zu jedem Abschnitt ein Kurzprotokoll schreiben.

In den meisten Fällen reicht ein Kurz- oder Ergebnisprotokoll aus - so auch für die Besprechung der Werbeabteilung in der Firma "Neue Medien Werbe- und Vertriebs-GmbH und Co KG" mit ihrem Geschäftsführer, Herrn Dr. Friederichs.

Frau Schwalbe, seine Sekretärin, hat sich während des Gesprächs Notizen gemacht, später gestrichen, zusammengefaßt und verkürzt formuliert. Dabei ist das folgende Protokoll entstanden - in perfekter Form, versteht sich.

NEUE MEDIEN
Werbe- und Vertriebs-GmbH und Co KG

Protokoll

über eine Besprechung der Geschäftsleitung mit Werbeabteilung/Außendienst

Gesprächsleitung: Herr Dr. Friederichs, GL
Teilnehmer: Herr Augenthaler, We
                       Frau Bäuerlein, We
                       Frau Henning, We
                       Herr Knoll, Außendienst
                       Herr Koller, AL-We
                       Frau Mintschke, We
                       Frau Schulze, We
                       Herr Winterfeld, Außendienst

Protokollführerin: Frau Schwalbe, GL-Sekretariat

Ort: GL-Konferenzzimmer
Tag: 10.10.84
Zeit: 9.00 - 9.30 Uhr

Tagesordnung: Meinungsverschiedenheiten in der We

1. TV-Werbung

Die Sachbearbeiter der We sind der Meinung, für die kommerzielle TV-Werbung werde ein zu niedriger Werbe-Etat und zu wenig Außendienst-Zeit eingesetzt. Dem widersprechen die Außendienst-Mitarbeiter mit dem Hinweis auf die Schwierigkeit dieses Marktes und das geringere We-Knowhow auf dem Gebiet. Ergebnis: Werbe-Etat und Stab des Außendiensts werden aus Kostengründen nicht erhöht. Die We-Sachbearbeiter arbeiten in Zukunft ökonomischer.

2. Schreibarbeiten in der We

Die We-Sekretärinnen haben Probleme zu entscheiden, welche und wessen Schreibaufträge jeweils zuerst zu bearbeiten seien. Ergebnis: Schreibaufträge werden in der zeitlichen Reihenfolge ihres Eingangs im Sekretariat bearbeitet.

Frankfurt, 11.10.84

Angefertigt:

Irina Schwalbe

Irina Schwalbe

Für die Richtigkeit:

Dr. F

Dr. Rudolf Friederichs

Ü2

1. Bitte markieren Sie farbig am Rand des Protokoll-Blatts, welche Teile des Texts Sie mit "Kopf", "Berichtsteil" und "Schlußteil" des Protokolls bezeichnen würden. Begründen Sie diese Gliederung inhaltlich und sprachlich.

2. Vergleichen Sie das Protokoll mit der Aktennotiz auf Seite 36. Was ist formal, inhaltlich und sprachlich ähnlich, was ist unterschiedlich?

Ü3

1. Hat Frau Schwalbe die Anforderungen an ein

   a) Kurzprotokoll oder

   b) ein Ergebnisprotokoll

   erfüllt, die auf Seite 44 aufgelistet sind?

2. Welche formalen, sprachlichen oder inhaltlichen Mängel hat das Protokoll Ihrer Meinung nach?

3. Gibt der Text klar an, wie die genannten "Ergebnisse" erzielt wurden bzw. wer die entsprechenden Entscheidungen fällte? Was hat wohl Frau Schwalbe bewogen, so zu formulieren und nicht anders?

Ü4

1. Welche Abschnitte des "Berichtsteils" sind in der Möglichkeitsform (Konjunktiv) geschrieben, welche in der Wirklichkeitsform (Indikativ)? (⟶ *Bausteine Deutsch 1*, Seite 14 - 15)

2. Woher kommen diese sprachlichen Unterschiede, was bedeuten sie?

S2

1. Bitte verkürzen Sie Frau Schwalbes Kurzprotokoll zum "Ergebnisprotokoll" und benutzen Sie dazu die Hinweise von Seite 44 - 45.

2. Tippen Sie dann "Ihr" Ergebnisprotokoll mit Kopf, Berichtsteil und Schluß auf ein DIN A4-Blatt nach dem Muster von Seite 46. *Sie* sind jetzt Protokollführer(in)!

S3

Hören Sie zuerst eine kurze berufliche Diskussion von der Cassette und machen Sie dabei Notizen zu allen wichtigen Informationen, Argumenten und vor allem zu den Gesprächsergebnissen.

2. Schreiben Sie dann ein vollständiges Kurzprotokoll.

3. Machen Sie daraus durch Streichung und Kürzung ein Ergebnisprotokoll.

S4

Trainieren Sie in Zukunft laufend das knappe Protokollieren, indem Sie sich zu allen interessanten Gesprächen, Radio- und Fernsehsendungen Notizen machen und daraus Kurzprotokolle formulieren.

1   Was ist eine demokratische Diskussion?

Vom normalen <u>Unterhaltungsgespräch</u> unterscheidet sich die <u>Diskussion</u> dadurch, daß sie geplant, geregelt und zielgerichtet abläuft. Sie kann zwar auch spontan (z. B. aus einer lockeren Konversation) entstehen, meist jedoch wird sie bewußt und planvoll zu einem oder mehreren der folgenden Zwecke eingesetzt:

1. Möglichst umfassender Informationsaustausch zwischen allen Mitgliedern einer Gruppe zu einem Thema/Problem;

2. Klärung der Einzelmeinungen zu einem Thema/Problem und weitestgehende Annäherung dieser Meinungen;

3. Bildung einer Mehrheitsmeinung bzw. Fassen eines mehrheitlichen Beschlusses zum Thema/Problem.

Die Gesprächsform <u>Diskussion</u> ist also ein Instrument zur Mehrheitsbildung und Problemlösung in Gruppen.

Von typischen <u>Besprechungen</u> unterscheidet sich die <u>demokratische Diskussion</u> durch ihre nicht-autoritäre, also für alle Teilnehmer chancengleiche Vorbereitung, Gesprächsführung und Entscheidungsfindung sowie ihren grundsätzlich offenen Ausgang. Die diskutierende Gruppe "verwaltet" sich selbst und entscheidet selbst - nicht eine ranghöhere Person wie häufig in beruflichen Besprechungen.

Viele "Gesprächsveranstaltungen" nennen sich ohne Recht und zumeist aus psychologischen Gründen der Publikumstäuschung "Diskussion". Hier ein augenfälliges Beispiel:

Ü1

1. Wie würden Sie eine solche "Diskussion" nennen? Welche Begriffe werden häufig noch für derartige Veranstaltungen verwendet? Mit welcher Absicht?

2. Listen Sie die Punkte auf, die nach unserer Definition (Seite 48) hier gegen die Bezeichnung "demokratische Diskussion" sprechen.

3. Für welche anderen Gesprächsveranstaltungen akzeptieren Sie den Begriff "Diskussion" (nicht)? Betrachten Sie dabei auch die Angebote von Fernsehen, Rundfunk und Presse.

S1

Kennen Sie noch weitere Merkmale einer demokratischen Diskussion? Machen Sie eine Liste und ordnen Sie die auf Seite 48 genannten Kennzeichen ein.

Entstehung, Planung, Vorbereitung einer Diskussion   **2**

In Bockstadt hat eine Gruppe von berufstätigen Eltern die private "Freie Kindertagesstätte" für ihre und andere Kinder im Vorkindergartenalter aufgebaut. (Es gab viel zu wenige Tagesstätten-Plätze der Stadt und freier Sozialträger in ihrem Stadtteil.) Die "Kita" ist jetzt im dritten Jahr und läuft im ganzen zur Zufriedenheit von Kindern und Eltern.

Wie jedes Jahr veranstaltet man auch heuer vor Weihnachten einen öffentlichen Basar und Flohmarkt. Der "Reingewinn" wurde bisher immer für die eigene Tagesstätte verwendet. Doch diesmal gibt es Meinungsverschiedenheiten unter den vier Vorstandsmitgliedern der Elterninitiative, die sich Anfang Dezember zur Vorbereitung treffen:

Ü1

1. Vergleichen Sie die Bilder von Seite 48 und 49 in allen Einzelheiten:
   Wo sind Unterschiede, wo Gemeinsamkeiten?
   Halten Sie die Vierergruppe für "diskussionsverdächtig?" Warum/Warum nicht?

2. Überprüfen Sie nun die Vermutungen, die Sie aus dem Bild gewonnen haben, indem
   Sie einen kurzen Gesprächsausschnitt hören und lesen:

... ...

Jens: Was machen wir heuer mit dem Geld, das dabei 'rauskommt?

Anke: Na, wie bisher! Kommt in den Topf der Kita!

Susanne: Also Anke, das würd' ich mir schon noch mal überlegen. Unserer Kita
geht's eigentlich ziemlich gut - die Beiträge reichen aus, wir machen keinen
Verlust mehr ... Vielleicht ist das mal die Chance, anderen zu helfen, die's
noch dringender brauchen?

Hermann: Immer mit der Ruhe, Leute! Laut nachdenken kann man bei uns doch noch,
oder? Bevor wir uns über nichts und wieder nichts streiten: Hast du eine konkrete Vorstellung, Susanne?

Susanne: Ja, hätt' ich schon: UNICEF - das ist die Kinderhilfsorganisation der
Vereinten Nationen. Die sammeln dieses Jahr gezielt für den Sudan, wollen dort
in einem ganz armen Gebiet Trinkwasserbrunnen bauen. Dort sterben von 1000 Kindern an die 400 vor dem fünften Lebensjahr ...

Anke: Dein Vorschlag in Ehren, Susi, aber das ist mir zu weit weg - unseren Kindern und den meisten Eltern sicher auch. Wo wir doch noch 'ne Menge Sachen für unsere Kita brauchen! -
Was meinst du, Jens?

Jens: Also ehrlich, ich bin da jetzt ganz überfordert. Der Gedanke von Susi kommt für mich völlig überraschend - nicht, daß ich ihn deswegen schlecht finde. Ich frage mich, ob wir vier das heute abend eigentlich entscheiden können?

Susanne: Nein, find' ich nicht. Wir sollten 'ne Diskussion aller Mitglieder ansetzen und auch die anderen Eltern dazu einladen, so unter dem Motto: "Erlös des Weihnachtsbasars heuer für UNICEF oder für die Kita?"

Hermann: Ist für mich okay - was meint ihr beide?

Anke: Na gut, aber dann bald!

Jens: Genau! Wie wär's mit Freitagabend nächster Woche?

Anke: Wollte ich auch vorschlagen. Wer schreibt die Einladung? Ich häng' zur Zeit so dick drin ...

Jens: Das könnte ich schon machen. Kannst du mir vielleicht beim Eintüten und Adressieren helfen, Susanne?

Susanne: Na ja, am Wochenende hab' ich Zeit. - Sollten wir nicht auch gleich ein paar Infos über UNICEF beilegen? Damit jeder sich sachlich vorbereiten kann?

Hermann: Gute Idee! Bring' mir die Vorlagen, ich kann sie im Büro umsonst kopieren. - Und in den Brief müßt ihr unbedingt noch reinschreiben, daß jeder sich die Argumente für und gegen UNICEF oder Kita überlegen soll ...

Ü2

Aus einem "Vorstandsgespräch" ist plötzlich eine Diskussion entstanden:

1. An welcher Stelle und wodurch wird dieser "Umschwung" ausgelöst?

2. Was ist das Thema oder Problem der Diskussion?

3. Erzielt die Viergruppe eine Einigung darüber?

4. In zwei Diskussionsbeiträgen von Susanne und Anke werden die gegensätzlichen Meinungen zum Thema deutlich. Untersuchen Sie, ob diese Äußerungen Argumente enthalten:

Susanne: Anke:

Behauptung: Behauptung:

Begründung: Begründung:

Ü3

Die inhaltliche Lösung des Problems, die eigentliche Entscheidung, wird von der Viergruppe vertagt.

1. Durch welchen Gesprächsbeitrag wird das ausgelöst? Wie ist dieser inhaltlich und sprachlich aufgebaut? Was löst er bei den Gesprächspartnern aus?

2. Warum wäre eine sofortige Entscheidung der Streitfrage inhaltlich und aus demokratischer Sicht nicht "sauber" gewesen?

3. Was haben die vier Vorstandsmitglieder aus dieser Kurzdiskussion gelernt? Welche Konsequenzen ziehen Sie daraus für die Planung der entscheidenden Diskussion? Machen Sie eine Liste dieser Einsichten in Stichpunkten und ergänzen Sie eigene Punkte, die Sie noch für wichtig halten:

> **Wichtige Punkte für die Planung einer demokratischen Diskussion**
>
> | Punkte des Vorstands: | Meine zusätzlichen Punkte: |
> |---|---|
> | | |
> | | |
> | | |

S1

In dieser Kurzdiskussion werden viele Vorschläge gemacht, und darauf reagieren die anderen jeweils mit bestimmten Äußerungen.

1. Unterstreichen Sie im Text (Seite 50 - 51) die entsprechenden Formulierungen und sammeln Sie die Ausdrücke in zwei Listen:

> **Vorschläge machen:**
>
> Na, wie bisher: Kommt in den Topf der Kita!

> **Auf Vorschläge reagieren:**
>
> Also Anke, das würd' ich mir schon mal überlegen ......

2. Welche dieser Ausdrücke finden Sie eher

verklemmt — zurückhaltend — deutlich — übertrieben — aufdringlich

3. Welche Gruppe von Ausdrücken finden Sie für dieses konkrete Gespräch angemessen und warum?
Könnte das für eine andere Art von Gespräch, für andere Leute, für ein anderes Thema eine andere Gruppe von Ausdrücken sein? Spielen Sie das an den früheren Dialogen dieses Buches durch: Seiten 15, 16 - 17, 22, 26 - 32, 39 - 41.

Am Montag vor der freitäglichen Diskussion bekommen alle Kita-Mitglieder und -Eltern diesen Einladungsbrief:
(───▶ *Bausteine Deutsch 2*, Seite 54 - 65)

Bockstadt, 4. Dezember

c/o Jens Heilmann
Heinrich-Heine-Str. 2 1/2
9999 Bockstadt

Einladung zur Diskussion über Basar-Erlös am 9. Dezember

Liebe Mitglieder und Freunde,

bei unserer letzten Vorstandssitzung konnten wir uns nicht darüber einigen, für welchen Zweck der Erlös unseres geplanten Weihnachtsbasars mit Flohmarkt diesmal verwendet werden soll. Es gibt zwei Vorschläge:

1. wie bisher für unsere eigene Kindertagesstätte;
2. für das Kinderhilfsprogramm der UNICEF, speziell für ein Trinkwasserprojekt im Sudan.

Damit wir gemeinsam eine angemessene Entscheidung treffen können, laden wir Euch alle herzlich ein zur Diskussion über dieses Thema

am Freitag, 9. Dezember, 19.30 Uhr in der Kita.

Laut Satzung haben alle das Rederecht; Stimmrecht haben nur die Mitglieder des e. V. (das können wir aber ändern).

Weil wir an diesem Abend wegen der knappen Zeit (Basar ist schon am 16./17. Dezember!) zu einer Entscheidung kommen sollten, bitte ich Euch um kritische Prüfung beider Vorschläge: Überlegt Euch bitte, was für oder gegen jeden einzelnen spricht. Zur Information über UNICEF und das Sudan-Projekt haben wir Fotokopien beigelegt.

Also: bis Freitag!

Euer Jens

im Auftrag des Vorstands

Ü4

Bitte sammeln Sie auf je einem Stichwortzettel Argumente für und gegen beide Vorschläge. Benutzen Sie dazu das
Informationsmaterial über UNICEF, das
dem Brief beiliegt (Seite 54 - 56).

UNICEF / Sudan-Projekt

FÜR:	GEGEN:
Argument 1	Argument 1
• Behauptung	• Behauptung
• Begründung	• Begründung

Wie arbeitet UNICEF?

Armut bedeutet, daß Menschen ihre Grundbe-
dürfnisse nicht befriedigen können. Die fünf
Pfeiler der UNICEF-Arbeit sind daher: Gesund-
heitswesen, Wasserversorgung, Ernährung,
Elementarbildung, soziale Hilfe in den Städten.
Um die Versorgung mit dem Lebensnotwendi-
gen auf Dauer zu sichern, mobilisiert und unterstützt UNICEF die betroffenen Menschen, ihre
eigene Entwicklung in die Hand zu nehmen.
39 regionale UNICEF-Büros in der Dritten Welt
sorgen durch sachgemäße Durchführung der
Programme dafür, daß die Hilfe „ankommt".

Wo arbeitet UNICEF?

UNICEF arbeitet auf Antrag mit jeder Regierung, ungeachtet ihrer politischen und
gesellschaftlichen Ordnung nach dem
Grundsatz „Kinder sind Kinder". UNICEF
ist daher politisch und ideologisch nicht
gebunden.
So ist es möglich, daß UNICEF heute in
111 Ländern, wo über eine Milliarde Kinder leben, tätig ist.

ORGANISATION

UNICEF ist eine semi-autonome Organisation
(Sitz New York) der Vereinten Nationen mit eigener Verwaltung und eigenem Etat, den es selber
beschaffen muß. Dem Verwaltungsrat von UNICEF
gehören 41 Mitglieder an, die in dreijährigem Turnus vom Wirtschafts- und Sozialrat der Vereinten
Nationen gewählt werden. Ihm sowie der UN-Voll-
versammlung hat UNICEF jährlich Bericht zu er-
statten. Seit 1972 ist die Bundesrepublik Deutschland gewähltes Mitglied.
Der UNICEF-Verwaltungsrat legt jährlich die Richt-
linien der UNICEF-Arbeit fest und entscheidet
über Programme und Projekte sowie über Perso-
nalaufbau und Etat.
Die Nationalen Komitees für UNICEF (26 in Europa
und acht im außereuropäischen Bereich) sind
selbständig. Sie unterstützen durch Information
und Spendenaktionen sowie durch den Verkauf
von Grußkarten in ihren Ländern die Arbeit von
UNICEF in der Dritten Welt.
Das Deutsche Komitee für UNICEF ist seit 1953 tätig. 2000 ehrenamtliche Helfer arbeiten in 80 über
die ganze Bundesrepublik verstreuten Arbeitsgruppen.

KITA

FÜR:	GEGEN:
Argument 1	*Argument 1*
• Behauptung	• Behauptung
• Begründung	• Begründung

Woher kommt das Geld?

Da UNICEF seinen Etat selbst beschaffen muß, steht die Arbeit unter dem Leistungsprinzip bei sparsamer Verwendung der Gelder. Die rapide wachsende Zahl der Kinder in der Dritten Welt macht eine drastische Zunahme der verfügbaren Mittel notwendig.

Zum überwiegenden Teil wird UNICEF durch freiwillige Regierungsbeiträge von 130 Ländern finanziert (73 Prozent). Hinzu kommen Mittel aus Spendenkampagnen (15 Prozent) und Grußkartenverkauf (5 Prozent) der Nationalen Komitees und aus diversen anderen Quellen.

Wohin geht das Geld?

UNICEF beschafft und liefert Material, Ausrüstungsgegenstände, Medikamente und organisiert Aus- und Fortbildungsprogramme für Einheimische. Im Jahr 1980 lieferte UNICEF Sachleistungen im Wert von 145 Millionen US-Dollar für rund 290 000 Zentren und Institutionen in der Dritten Welt. 85 Millionen US-Dollar wurden für die Schulung von 861 700 einheimischen Kräften aufgewandt. Die Verwaltungskosten betrugen weniger als 8 Prozent.

BILANZ 1983

Gesamtausgaben	332,00 Mio. US-$
Im einzelnen wurden verwandt für:	
Gesundheit für Mutter und Kind (+ Familienplanung)	58,26 Mio. US-$
Wasser + sanitäre Anlagen	67,83 Mio. US-$
Ernährung für Kinder	19,13 Mio. US-$
Elementarbildung	40,43 Mio. US-$
Soziale Dienst für Kinder	17,83 Mio. US-$
Integrierte Programmunterstützung	29,13 Mio. US-$
Programmunterstützende Auslagen	44,78 Mio. US-$
Nothilfe	13,48 Mio. US-$
Hilfsleistungen insgesamt	290,87 Mio. US-$
Verwaltung	41,13 Mio. US-$
Gesamtausgaben 1983	332,00 Mio. US-$

Schwerpunkt-Programm des Deutschen Komitees:

Wasser für Sudan

Der Sudan, mit 2,5 Millionen Quadratkilometern das größte Land Afrikas, zählt zu den 30 ärmsten Ländern der Welt. Dies zeigen folgende Indikatoren:

- Pro-Kopf-Einkommen: 340 US-$ im Jahr
- Inflationsrate: 50 Prozent
- Wirtschaftswachstum: 2,6 Prozent
- Bevölkerungswachstum: 2,8 Prozent
- Durchschnittliche Lebenserwartung: 47-48 Jahre
- Kleinkindsterblichkeit: bis 200 von 1000.

Eine der ärmsten Regionen des Landes ist die Provinz Süd-Kordofan. Das größte Problem ist der Mangel an sauberem Wasser. Zahlreiche Krankheiten sind die Folge: Man schätzt, daß 400 von 1000 Kindern das fünfte Lebensjahr nicht erreichen.

Die Versorgung der Bevölkerung mit Trinkwasser hat in dieser Region daher Priorität. UNICEF will bis 1985 900 Bohrlöcher einbringen und mit Handpumpen bestücken, sowie die traditionelle Wasserversorgung durch „Hafire" instandsetzen und verbessern. Das bedeutet Wasser für 800.000 Menschen.

Helfen Sie UNICEF, damit UNICEF helfen kann.

UNICEF-Spendenkonto Nr. 300 000 bei allen Banken und Sparkassen und beim Postscheckamt Köln Stichwort: „Wasser für Sudan"

Viele Wenig geben ein Viel

Was aus einer Spende werden kann

Für fünf Mark ...

Hier sind 13 Beispiele, wie UNICEF mit nur fünf Mark helfen kann. UNICEF beschafft dafür:

- 40 Schulhefte
- sechs Fieberthermometer für ein Gesundheitszentrum
- zwei Pfund Erbsensamen oder 12 Päckchen Kopfsalatsamen für einen Schul- oder Gemeinde-Gemüsegarten
- 20 Penizillin-Spritzen zur Behandlung von Infektionskrankheiten
- Impfstoff, um zehn Kinder gegen Masern oder Kinderlähmung zu immunisieren
- Impfstoff, um 30 Kinder gegen Diphterie, Keuchhusten und Tetanus zu impfen
- Impfstoff, um 80 Kinder vor Tuberkulose zu schützen
- 2000 Diaphenyl-Tabletten zur Behandlung von leprakranken Säuglingen und Kleinkindern
- Vitamin-A-Kapseln, um 80 Kleinkinder ein Jahr lang vor ernährungsbedingter Blindheit zu schützen
- antibiotische Salbe, um 14 an Trachom erkrankte Kinder zu behandeln. Diese Augenkrankheit führt ohne Behandlung zur Erblindung.
- Piperazin-Tabletten, um mehr als 160 Kinder von einer Wurmkrankheit zu heilen, die durch unsauberes Trinkwasser verursacht wird
- Oralyte, ein Salzpräparat, um 24 an Durchfall erkrankte Kinder vor lebensgefährlichem Flüssigkeitsverlust zu bewahren.

unicef und Gesundheit

Für ___ Mark	kann UNICEF beschaffen:
5,75	250 Chloroquin-Tabletten gegen Malaria
7,28	1000 eisenhaltige Multi-Vitamin-Tabletten
9,63	35 Tuben antibiotischer Salbe zur Behandlung von Augeninfektionen
26,43	eine Erste-Hilfe-Ausrüstung inklusive Anleitung
65,78	eine Leinentasche mit einer Hebammen-Ausrüstung
77,90	eine Babywaage für ein Mutter-Kind-Gesundheitszentrum
220,50	eine Impfausrüstung gegen Tuberkulose
340,—	ein Fahrrad für eine Hebamme oder einen Gesundheitshelfer, die dadurch doppelt so viele Dorfbewohner erreichen und behandeln können als früher
1.375,—	eine Ausrüstung mit 29 wichtigen medizinischen Geräten und Medikamenten für eine Dorfapotheke oder eine ländliche Verteilungsstelle

unicef und Wasser

Für ___ Mark	kann UNICEF beschaffen:
60,50	ein Boden- und Wasser-Testgerät, um die Trinkbarkeit des Wassers zu prüfen
137,50	einen vollständigen Bausatz für Latrinen, einschließlich Kompostlatrinen, in denen Fäkalien zu Dünger umgewandelt werden
437,50	eine Handpumpe, Rohre und Zubehör für den Bau eines Brunnens von geringer Tiefe
6.250,—	Bau eines Brunnens, aus dem etwa 100 Familien mit Trinkwasser versorgt werden können

Die Liste der ärmsten Länder

1. Alle von der UNO als "am wenigsten entwickelt" bezeichneten 25 Länder sind von der Teuerung und Nahrungsmittelknappheit schwer betroffen. Sie haben ein jährliches Pro-Kopf-Einkommen von weniger als 80 Dollar.

Es handelt sich um:

Afghanistan	Mali
Äthiopien	Nepal
Bhutan	Niger
Botswana	Obervolta
Burundi	Ruanda
Dahomey	Sikkim
Guinea	Somalia
Haiti	Sudan
Jemen, Arab. Rep.	Tansania
Laos	Tschad
Lesotho	Uganda
Malawi	West-Samoa
Malediven	

Anzahl der Kinder im Alter von 0–15 Jahren   66 Millionen

Die Diskussion: Organisation, Ablauf, Ergebnis

3

Freitag, 9. Dezember, 20.00 Uhr: Im Eßraum der Kindertagesstätte sitzen 15 Erwachsene, darunter die vier Elternsprecher. Als Einladender eröffnet Jens die Diskussion:

Jens: Also, Leute, ich glaub' wir fangen an. - Schön, daß ihr alle gekommen seid! Damit wir mit möglichst wenig Zeitverlust zur Sache kommen können: Laßt uns zuerst ein paar wichtige Organisationsfragen klären. Erstens: Wer übernimmt als erster - so für 'ne Stunde - die Diskussionsleitung? Macht mal Vorschläge!

Anke: Anita Jung!

Jens: Noch andere Vorschläge? Nein? Dann sparen wir uns die Abstimmung für später auf. - Bitte, Anita, übernimmst du?

Anita: Okay, ja, äh. Aber nur für eine Stunde, wie üblich. - Also, erledigen wir noch die übrigen Geschäftsordnungsfragen. Jens?

Jens: Wie lange können wir heute abend diskutieren?

Hermann: Bis halb elf? - Ich muß morgen leider früh aufstehen ...

Anita: Andere Meinungen? Scheinbar nicht - also: zweieinhalb Stunden Zeit, maximal! Äh, noch was zur Organisation? Susanne?

Susanne: Ja, wie ist das nun mit dem Stimmrecht für die Nichtmitglieder? Ich finde, alle sollten heute mitstimmen dürfen, weil sie Kinder hier haben, beim Basar mitmachen und also betroffen sind.

Anita: Gibt's auch Gegenmeinungen? - Nein?
Dann müssen wir wohl schnell über den Antrag abstimmen - laut Vereinssatzung jetzt aber nur die Mitglieder!
Also, der Antrag lautet: Alle Anwesenden, die Kinder in der Kita haben und am Basar teilnehmen, sollen heute volles Stimmrecht haben.
Ja-Stimmen, bitte? - 9, und ich dazu: macht 10 Ja-Stimmen.
Nein-Stimmen, bitte? - Nein, keine.
Enthaltungen? - Eine.
Also, der Antrag ist einstimmig bei einer Enthaltung angenommen.

So, zum Schluß der Formalitäten hätte ich noch zwei Punkte. Erstens: Bei 15 Leuten ist's gut, 'ne Rednerliste zu führen - ich leg' die mal gleich an, so!
Zweitens die wichtige Frage: Wie planen wir den Ablauf der Diskussion? Einfach laufen lassen - oder lieber strukturieren?
Ja, Martin?

Martin: Ich bin für Strukturieren, ihr kennt mich ja.
Vorschlag: Zuerst sollen alle, die wollen, kurze Grundsatzerklärungen zu den zwei Verwendungsvorschlägen machen, damit man mal die wichtigsten Argumente hört.
Dann sollten wir für 'ne halbe Stunde oder so in zwei getrennten Gruppen diskutieren: Eine, die für UNICEF und gegen Kita ist - die andere umgekehrt.
Dort sollten möglichst alle denkbaren Argumente für die eigene und gegen die andere Meinung gesammelt werden.
Danach würden wir uns wieder im Plenum treffen und die Argumente auf den Tisch packen.
Und anschließend gehen wir an die zusammenfassende Wertung des Gesagten und entscheiden. -
Wie findet ihr das? ...

Ü1

1. Wie finden Sie das? Was halten Sie überhaupt von einer solchen "Organisationsphase" vor der eigentlichen Sachdiskussion?

2. Welche technischen Details werden hier wie geregelt? Können Sie zu den einzelnen Entscheidungen dieser Gruppe bessere Alternativen vorschlagen?

Organisationsfrage	Getroffene Entscheidung	Verbesserungsvorschlag
Diskussionsleitung	Anita für 1 Stunde gewählt, dann Rotation	

3. Welche Vor- und Nachteile bringt eine solche "Organisationsphase"? Wägen Sie ab.

4. Wie finden Sie Martins Vorschlag zum Ablauf der Diskussion? Begründen Sie und ändern Sie ihn bitte ab, falls Sie ihn verbessern wollen.

U2

1. Halten Sie diese Eltern für eingespielte Diskutierer oder nicht? Begründen Sie Ihre Meinung aus Text und Bild.

2. Wie beurteilen Sie die Sitzordnung der Gruppe und speziell die Sitzposition der Diskussionsleiterin im Blick auf die "demokratische Qualität" dieser Diskussion?

3. Welche Diskussionsregeln sind offensichtlich in dieser Gruppe bereits akzeptiert und werden von allen beachtet? Unterteilen Sie diese Spielregeln in drei Typen:

Für Diskussionsteilnehmer:	Für alle:	Für Diskussionsleiter(in):

Ergänzen Sie diese Liste laufend bei Ihrer Arbeit mit dem Abschnitt C3 des Lehr- und Arbeitsbuchs.

4. Anita führt wegen der Gruppengröße und der zu erwartenden heißen Diskussion mit einer Vielzahl von Wortmeldungen eine "Rednerliste". Diese sieht nach 10 Minuten so aus:

Rednerliste 8.12.   (1)

Was bedeuten wohl folgende Einträge?

Martin → (1) _____

Peter

Antje ← Jens → (2) _____

Anke

Klaus

Karsten ← Martin ← Susanne → (3) _____

Hermann

Dorothee → (4) _____

Anita → (5) _____

Ein Tip: ← bedeutet, daß jemand "außer der Reihe" das Wort erteilt bekommen hat, obwohl sie/er nicht als nächste(r) auf der Liste stand.

S1

Untersuchen Sie die Rolle, die beide Diskussionsleiter (Jens, Anita) bisher gespielt haben:

1. Auf welche Arten von Äußerungen und Handlungen beschränken sie sich? Warum? Was hat das mit Chancengleichheit zu tun?

2. Warum hat sich Anita als Diskussionsleiterin unten auf die Rednerliste geschrieben? Hat sie etwa vorher geschwiegen?

S2

1. Untersuchen Sie die "Abstimmungstechnik", die Anita mit der Elterngruppe perfekt vorführt (Seite 57). Schreiben Sie in die folgende Liste neben die Schritte des Abstimmungsverfahrens die entsprechenden Formulierungen aus dem Text:

Abstimmungsschritte	Formulierungen aus dem Text
Antrag stellen	(Susanne:) _____
Antrag zur Diskussion stellen	(Anita:) _____
Ende der Antragsdiskussion feststellen	_____
Abstimmung ankündigen	_____
Stimmberechtigung klären	_____
Antrag sinngemäß oder wörtlich wiederholen	_____
Ja-Stimmen ermitteln	_____
Nein-Stimmen ermitteln	_____
Enthaltungen ermitteln	_____
Abstimmungsergebnis präzise mitteilen	_____

2. Probieren Sie diesen Abstimmungsvorgang nun selbst an verschiedenen Anträgen aus.

Ü3

1. Suchen Sie mit dem Stichwortzettel Argumente im bisherigen Dialog.
   Zwei Hilfen: a) Argumentiert wird hier immer im Zusammenhang mit Vorschlägen;
   b) Jens, Hermann, Susanne und Martin verwenden Argumente.

2. Versuchen Sie, zu diesen notierten Argumenten spontan Gegenargumente zu finden, die in der Gesprächssituation unserer Elterngruppe denkbar wären. Benutzen Sie dafür einen 2spaltigen Stichwortzettel:

Argumente im Dialog	Gegenargumente
ARGUMENT 1	GEGENARGUMENT 1
Behauptung	Behauptung
Begründung	Begründung

3. Spielen Sie diesen Argument-Abtausch durch. Sie werden dabei für Ihre Gegenargumente "Anknüpfungen" brauchen wie:

Nein, vielmehr behaupte ich ...
Da stimme ich Ihnen nicht zu ...
Ich bin anderer Meinung ...

Ich vertrete da genau die entgegengesetzte Auffassung ...
Dazu gibt es ein überzeugendes Gegenargument ...
Da muß man aber auch einmal die Gegenmeinung betrachten ...

Das geht mir total gegen den Strich! ...
Das kann man nicht unwidersprochen (stehen-)lassen!
Das ist ein unerträglicher Unsinn / eine Ungeheuerlichkeit! ...

Die Elterngruppe hat Martins Vorschlag zum Diskussionsablauf nach
kurzer Debatte mehrheitlich angenommen. Wir blenden uns ein in die
nächste Diskussionsphase, die der "Grundsatzerklärungen". Susanne und
Anke begründen gerade ihre unterschiedlichen Vorschläge zur Verwendung
des Basar-Erlöses:

...   ...

Susanne: Ja, also, der Vorschlag, den Gewinn diesmal für UNICEF, die Kinderhilfsorganisation der Vereinten Nationen, zu spenden, ist von mir. Genauer gesagt:
für das Schwerpunkt-Programm "Wasser für Sudan". Warum gerade dafür?
Der Sudan gehört zu den ärmsten Ländern der Welt: Die Menschen dort verdienen
weniger als 850 Mark pro Person und Jahr. Und vier von zehn Kindern in einer
südlichen Provinz werden keine 5 Jahre alt, weil's kein sauberes Trinkwasser
gibt. Das ist für mich unerträglich, kriminell! Wir vergeuden hier täglich 140
Liter Trinkwasser pro Nase, kaufen Produkte aus dem Sudan spottbillig ein - und
nehmen das Massensterben dieser Kinder gar nicht zur Kenntnis!
Mal ehrlich: Wir und unsere Kinder haben weit mehr, als wir zum einfachen Leben
brauchen. Laßt uns deshalb mal auf einen kleinen Teil des Überflusses verzichten
und gegen den Kindertod im Sudan sinnvoll einsetzen.

Anita: Danke, Susanne. Anke, bitte!

Anke: Eins will ich gleich mal klarstellen: Ich finde Susis Engagement für UNICEF
und das Sudan-Projekt sehr gut. Aber ich frage mich, ob unsere Kinder und Eltern
- und die Leute beim Basar - in der kurzen Zeit dafür motiviert werden können.
Denn das ganze ist so weit weg und einfach fremd für uns alle. Man brauchte viel
Zeit zur Vorbereitung: Bilder, Spiele, Geschichten ...
Andererseits brauchen wir für die Kita dringend einige Sachen, die man täglich
vermißt: Kühlschrank, vernünftige Matratzen für die Mittagsruhe, freundlichere
Gardinen, Spiele.
Kurz, mein Kompromißvorschlag wäre: Heuer noch mal für die Kita und nächstes Jahr
dann, gut vorbereitet, für den Sudan.

...   ...

Ü4

Vergleichen Sie, wie Susanne und Anke mit unterschiedlichen Taktiken für ihre gegensätzlichen Vorschläge werben:

1. Suchen Sie nach folgenden sprachlich-rednerischen Elementen:

- Argumente
- Fragen
- Ausrufe/Interjektionen
- persönliche Wertungen
- Appelle ans Publikum/Imperative

- Akzeptieren des Diskussionsgegners
- Pauschalbehauptungen
- gefühls-/verstandesorientierter Wortschatz
- Zusammenfassungen

2. Welcher der beiden Diskussionsbeiträge überzeugt Sie nach diesem kritischen Vergleich mehr? Warum?

3. Prüfen Sie, ob Ihr Eindruck anders wäre, wenn die beiden Frauen in umgekehrter Reihenfolge sprächen. Welche Formulierungen würden sich bei beiden Vorschlägen dadurch ändern?

4. Spielen Sie diesen entscheidenden Argument-Abtausch mit Ihren Verbesserungen und in wechselnder Reihenfolge durch.

Ü5

Steigen Sie nun selbst in die Gruppendiskussion um den Basarerlös ein: Alle geben ihre eigene "Grundsatzerklärung" mit Hilfe des vorbereiteten Stichwortzettels ab. – Zwei Tips:

- Verbrauchen Sie hier *nicht alle* Argumente, die Sie zur Verfügung haben.
- Setzen Sie die Formulierung Ihrer "Anknüpfung" gezielt je nach der Meinung Ihres Vorredners/Ihrer Vorrednerin ein. Sammeln Sie deshalb zunächst passende Ausdrücke/ Sätze zu diesen drei Typen der Anknüpfung (vgl. Ü3, 3. auf Seite 61):

Zustimmung	"Ja, aber..."	Widerspruch
–Dem stimme ich voll und ganz zu ...	–Dieser Gedanke ist interessant, sollte aber ergänzt werden ...	–Ich kann Ihnen da gar nicht zustimmen ...

S3

Welche Funktion hatte diese Phase der Diskussion? Diese Wertung fällt Ihnen leichter, wenn Sie aus den folgenden Gegensatzpaaren die jeweils zutreffende Aussage ankreuzen:

Informationen:	• Darlegung – • Verarbeitung
Äußerungen:	• längere – • kürzere
Diskussionsbeiträge:	• eher emotional – • eher rational
Gesprächsverlauf:	• eher systematisch – • eher unsystematisch
Gruppenbildung:	• durch Sympathie/Antipathie – • durch rationale Überzeugung
Gefühl am Ende:	• Zufriedenheit – • Unzufriedenheit

Nachdem sie ihre grundsätzlichen Stellungnahmen zum Problem abgegeben haben, teilen sich die Kita-Eltern in zwei Arbeitsgruppen: Die "Sudan-Befürworter" gehen in den Spielraum, die "Kita-Befürworter" bleiben im Eßraum. Man hat vereinbart: Für die Wahl einer Arbeitsgruppe soll die persönliche Meinung des einzelnen nicht ausschlaggebend sein, denn gerade das Ausloten "gegnerischer" Ansichten ist eine wichtige Entscheidungshilfe.
So beginnt das Gespräch in der Kita-Arbeitsgruppe:

Hans-Werner: Gut, dann übernehme ich für diese halbe Stunde die Gesprächsleitung in unserer AG.
Also: Nach Martins Vorschlag, den wir akzeptiert haben, sollen wir jetzt alle Argumente für Kita und gegen Sudan sammeln und ordnen. Hat jemand einen Vorschlag, wie wir das praktisch anpacken? - Susanne?

Susanne: Ja, ich hab' mal was Ähnliches in der VHS gemacht: Jeder hat seine Argumente in Stichpunkten auf eine Wandzeitung - Packpapier oder ein altes Plakat - geschrieben. Und darin haben wir dann herumgemalt, gestrichen, verbunden usw.

Hans-Werner: Ja, was meint ihr? Sollen wir's so anpacken? - Gut, wenn keiner was dagegen hat ...

S4

Schreiben Sie eine Wandzeitung auf der Grundlage Ihres Stichwortzettels aus C2, Ü4 (S. 54 - 55), und zwar ähnlich wie dieses Beispiel:

Ü6

Diskutieren Sie nun in zwei Arbeitsgruppen, wie oben beschrieben.
Schreiben Sie in Ihrer Gruppe eine Wandzeitung und bereiten Sie sich damit auf die Pro- und Kontra-Diskussion vor.

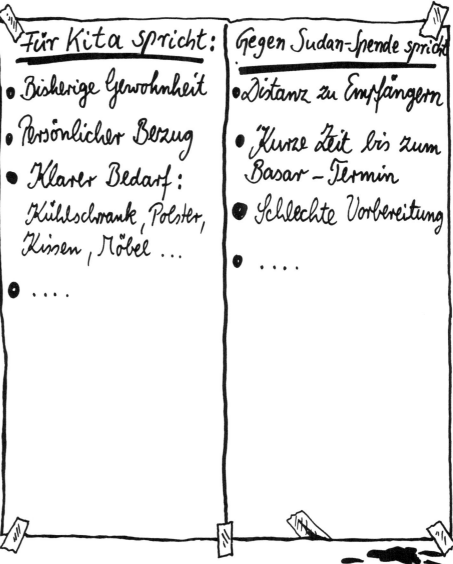

Für Kita spricht:
- Bisherige Gewohnheit
- Persönlicher Bezug
- Klarer Bedarf: Kühlschrank, Polster, Kissen, Möbel ...
- ....

Gegen Sudan-Spende spricht:
- Distanz zu Empfängern
- Kurze Zeit bis zum Basar-Termin
- Schlechte Vorbereitung
- ....

Nach der Gruppendiskussion und einer kurzen Pause treffen sich alle
Eltern wieder im Eßraum der Kindertagesstätte. Jetzt kommt die kämpfe-
rische und deshalb sehr anstrengende Phase des Austausches gegnerischer Argumente und ihrer vergleichenden Wertung.
Jeder Diskussionsteilnehmer vertritt nun seine eigene, bis jetzt
entwickelte Meinung zum Problem:

Peter: Anita hat mir die Diskussionsleitung übergeben. - Also? Bitte Wortmeldungen
zu den beiden Vorschlägen! - Karl?

Karl: Also, ich habe das Gefühl, daß man Susis Vorschlag zugunsten der Sudan-Hilfe
einfach aus moralischen Gründen zustimmen muß. Die Kinder verhungern, weil land-
wirtschaftliche Produkte aus dem Sudan als Futtermittel nach Europa exportiert
werden - natürlich billig! Und sie haben nichts zum Anziehen. Und es gibt nicht
genug Ärzte und Schwestern. - Wir müssen da einfach helfen!

Peter: Die Gegenmeinung? Uschi!

Uschi: Karl, ich finde es ganz falsch, unsere Entscheidung von der moralischen Seite
anzugehen. Es ist vielmehr eine ganz praktische Frage, wie wir unseren Basar in
der kurzen Zeit überhaupt noch organisieren können. Wir haben nämlich die eigentliche Vorbereitungsarbeit noch gar nicht angepackt: Stände, Dekoration, Programm,
Anmeldung beim Ordnungsamt, Werbung und und und. Da können wir uns einfach nicht
mehr auf das Sudan-Projekt einstellen, so leid's mir tut!

... ...

Ü7

1. Steigen Sie nun selbst wieder in die Diskussion ein, und zwar in zwei Meinungsgruppen. Benutzen Sie das folgende Argumentationsschema, das auch im Text oben
   sichtbar wird:

2. Schreiben Sie alle Argumente, die Sie überzeugen (auch gegnerische), auf einem
   Stichwortzettel mit.

3. Brechen Sie diese Diskussionsübung ab, sobald gehäuft Wiederholungen oder unbe-
   gründete Behauptungen auftreten. Kritisieren Sie Ihre "Leistungen".

Ü8

Sie haben jetzt das Redemittel des Arguments im Ablauf der Diskussion kennengelernt und selbst ausprobiert.
Bitte zerlegen Sie nun die einleitenden Äußerungen von Karl und Uschi (Seite 64) nach folgender Gliederung und notieren Sie den Inhalt der Teile in Stichpunkten:

Argument: Gliederung	Karl	Uschi
1. Anknüpfung		
2. Behauptung		
3. Begründung: a) allgemeiner Begründungs-satz		
b) illustrierende Beispiele/Belege		
4. Zusammenfassung/Appell		

S5

Werten Sie Ihre Notizen aus der "Pro-und-Kontra-Diskussion" in Ü7 aus:

1. Streichen Sie Argumente, die Sie jetzt nicht mehr überzeugen.

2. Geben Sie Argumenten beider Seiten, die Ihnen mehr oder weniger einleuchten, 1 - 5 Pluspunkte.

3. Addieren Sie die Pluspunkte beider Meinungsgruppen und vergleichen Sie das Ergebnis mit Ihrer eigenen jetzigen Überzeugung zur Streitfrage. (Bei Nichtübereinstimmung: Woraus erklärt sich dieser Widerspruch? Aus unberücksichtigten/überhörten Argumenten - oder aus Vorurteilen, die unbemerkt mitbestimmt haben?)

4. Formulieren Sie einen Antrag an die Elternversammlung, der Grundlage einer Abstimmung sein könnte. Verwenden Sie zur Begründung nur solche Argumente, die Sie für unwiderlegbar und besonders wirkungsvoll halten.

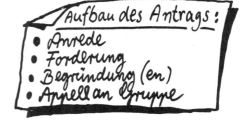

Aufbau des Antrags:
- Anrede
- Forderung
- Begründung (en)
- Appell an Gruppe

In der Schlußphase der Diskussion geht es um die letzten unsicheren Stimmen für eine Entscheidung zugunsten der einen oder anderen Meinungsgruppe. Deshalb suchen nun die schon entschiedenen Eltern die noch schwankenden Diskussionsteilnehmer durch zusammenfassende und wertende "Schlußplädoyers" zu gewinnen.
Noch einmal wird eine frische Gesprächsleiterin eingewechselt:

Antje: Hans-Werner hat mir die Gesprächsleitung übergeben. - Entschuldigt, wenn ich auf die Uhr schaue: Es ist zwanzig vor zehn! Die Zeit drängt also, halb elf war unser Limit!
Bitte korrigiert mich, wenn ich mich täusche: Ich habe das Gefühl, wir haben jetzt alle wichtigen Gesichtspunkte des Problems gründlich diskutiert. Wir sollten zu Lösungsvorschlägen, Anträgen kommen.
Ja, Heinz?

Heinz: Also, liebe Freunde, ich schlage vor, wir machen einen Kompromiß: 90 Prozent des Erlöses für UNICEF und "Wasser für Sudan", weil die moralischen, wirtschaftlichen und politischen Argumente für mich unwiderlegbar sind. Ein Zehntel würde ich gern für die Kita reservieren, damit zu Weihnachten auch hier *ein* Wunsch erfüllt werden kann.
Kurz: Wir sollten nichts überziehen - also teilen wir den Kuchen angemessen!

... ...

Ü9

Stürzen Sie sich nun in die entscheidende Schlußphase der Diskussion und versuchen Sie, deren Ablauf taktisch mitzubestimmen:

1. Besonders wichtig für das Ergebnis sind der erste Einigungsvorschlag und der "Antrag", über den am Schluß in irgendeiner Form abgestimmt wird. Versuchen Sie, beides beizutragen.

2. Wo Schwächen in der gegnerischen Position auftreten, decken Sie diese sachlich und begründet, aber ohne "Samthandschuhe" auf.

3. Bringen Sie nur die besten Argumente Ihres Lagers, zusammengefaßt und gegliedert. Verwenden Sie ruhig hörbare Gliederungsmittel wie "Erstens ..., zweitens ..., drittens ...".

S6

Dieses Schaubild versucht, die typischen Gesprächsphasen von problembezogenen demokratischen Diskussionen zu verdeutlichen.

1. Betrachten Sie es kritisch und vergleichen Sie es mit dem in Abschnitt C3 Gelernten.

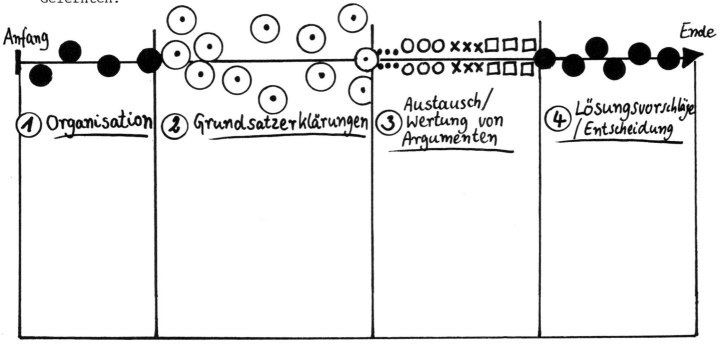

Anfang

Ende

① Organisation ② Grundsatzerklärungen ③ Austausch/ Wertung von Argumenten ④ Lösungsvorschläge / Entscheidung

2. Tragen Sie in die Spalten ① - ④ alle wichtigen Informationen, Erfahrungen und Tips zum Diskutieren in Stichworten ein, die Sie während der Arbeit mit Abschnitt C3 und sonst gesammelt haben.

3. Vielleicht finden Sie das Schaubild jetzt verbesserungs- oder erweiterungsbedürftig. Zeichnen Sie Ihr eigenes besseres Bild!

Ü/S Ende.

Wie fühlen Sie sich jetzt? Unser Zeichner und Mitverfasser dieses Buchs hat da so seine Vermutungen.

➡️

Aber bitte schicken Sie ihm und uns Ihre eigenen Bilder und Texte, wenn er mit seiner Zeichnung teilweise oder ganz daneben liegt! Wir wollen nämlich wirklich gerne wissen, wie Sie diese große Diskussionsrunde überstanden haben!

Schlüssel zu den Übungen mit eindeutigen Lösungen

A1 Sachinformationen erkennen, sammeln, ordnen

Ü1 3. <u>Häufigste Wortarten:</u> Substantive, Zahlen/Zahlwörter, Adjektive, Adverbien, Verben.

Ü2 Die <u>Gesetzestexte</u> haben im Vergleich zu den Werbetexten der Anzeigen die erheblich höhere Dichte an Sachinformationen.

Ü3 Tabelle mit verkürzten Stichpunkten:

	Frauen + Männer	Frauen	Männer
<u>Rechte</u>	1. Menschenwürde unantastbar 2. Menschenrechte unverletzlich/unveräußerlich 3. Freie Persönlichkeitsentfaltung 4. Leben + körperliche Unversehrtheit 5. Persönliche Freiheit unverletzlich 6. Gleichheit vor Gesetz 7. Geschlechter/Männer und Frauen gleichberechtigt 8. Keine Benachteiligung/Bevorzugung wegen Geschlecht, Abstammung, Rasse, Sprache, Heimat/Herkunft, Glauben, Religion, politischer Anschauung, gewerkschaftlicher Tätigkeit, Alter 9. Staat schützt Ehe + Familie 10. Kinderpflege und -erziehung 11. Freie Wahl von Beruf, Arbeitsplatz, Ausbildungsstätte 12. Kein Arbeitszwang 13. Behandlung im Betrieb nach Recht + Billigkeit	1. Mutterschutz und -fürsorge 2. Gleiche Entwicklungschancen für eheliche/uneheliche Kinder 3. Keine gesetzliche Verpflichtung zu Streitkräften 4. Kein Waffendienst	1. Kriegsdienstverweigerung aus Gewissensgründen 2. Ersatzdienst nicht länger als Wehrdienst, ohne Streitkräfte-Zusammenhang
<u>Pflichten</u>	1. Kinderpflege und -erziehung 2. Rechte anderer/Verfassungsordnung/Sittengesetz nicht verletzen 3. Allgemeine, gleiche, öffentliche Dienstleistung 4. Zwangsarbeit bei gerichtlicher Freiheitsentziehung		1. Wehrdienst 2. Ersatzdienst statt Wehrdienst bei Verweigerung

A2 Informationen verarbeiten: Vorurteil oder Meinung bilden

Ü5 Vorurteile: ①, ③, ⑦; Meinungen: ②, ④, ⑤, ⑥.

A3 Wichtige Formen der Äußerung im Gespräch

Ü2 Beispiele zu ③ <u>Suggestivfrage</u>: "Willst du mich etwa kontrollieren?"; ⑤ <u>emotionale Aussage/Ausruf</u>: "Nein, Quatsch!"; ⑥ <u>Meinungsaussage</u>: "Ich unterhalte mich in aller Ruhe mit Antje."

Ü3 Beispiele für Umformulierung zu ③ <u>Suggestivfrage</u>: "Warum willst du mich kontrollieren?"; ⑤ <u>emotionale Aussage</u>: "Nein. Das ist eine falsche Schluß-folgerung."

Ü4 <u>Argument 1</u>: "Sag mal, hast du die ganze Woche keine Hausaufgaben auf?" (Behauptung)
"Weil ich dich dauernd nur mit Kopfhörern und Comics rumhängen sehe." (Begründung)

<u>Argument 2</u>: "Dieses Gemeckere stinkt mir!" (Begründung)
"Ich geh' jetzt." (Behauptung)

<u>Argument 3</u>: "Jedenfalls ist mein Verhältnis zu Antje in Ordnung. Und das finde ich viel wichtiger als die besch... Hausaufgaben." (Behauptung)
"Denn was ist, wenn sie mir auch nichts mehr erzählt, weil sie mir nicht vertraut?" (Begründung)

S1 Beispiel für <u>unbegründete Sachaussage</u>: "- bin sowieso mit Lisa zum Training verabredet."; für <u>unbegründete Meinungsaussage</u>: "Ich unterhalte mich in aller Ruhe mit Antje."

A4 Argumentieren und auf Äußerungen reagieren

Ü2 1. ⑤ = auslösendes Argument; ④ = Gegenargument; ③ = Überzeugungsvorgang; ① = Übergehen einer Äußerung; ② = verändertes Argument.

2. Person A sagt ⑤
B sagt ④ (oder ①)
C sagt ③
D sagt ① (oder ④)
E sagt ②

B1 Das private und das berufliche Gespräch

Ü2 3. Am meisten versucht Herr Koller, auf der Beziehungsebene zu agieren, aber eher mit negativem Erfolg; am wirkungsvollsten verhält sich Frau Schulze.

Ü3 2. Entstehen von Beziehungen überwiegt.
3. Statusmäßig ist Koller überlegen, gesprächstaktisch aber Frau Schulze.

Ü5 1. Charakteristisch: ② die Frage.

Ü6 Versteckte Argumente:

1. "... ich hab' mich schon daran gewöhnt, daß in der Werbung alle qualmen ... Eigentlich, machen wir den Job von 10 Leuten ..."

2. "Der Laden wurde dichtgemacht ... Zu geringe Umsätze, zu hohe Kosten ..."

3. "Na, das ist hier ganz anders. Es boomt! Jede Menge Projekte. Interessanter Markt, der sich entwickelt ..."

Ü10 1. "Nackte" Sätze: "Wo werde ich arbeiten?" / "Zeigen Sie mir alles?"
2. Abtönungswörter.

B2 Die berufliche Besprechung

Ü2 1. Ja.
3. Ja: Dr. Friederichs

Ü3 1.

4. Frau Schulze.

B3 Kurz- und Ergebnisprotokoll

Ü1 1. Substantiv am häufigsten; außerdem in abnehmender Häufigkeit: Verb, Adverb, Adjektiv.
4. "Werbe-Etat und Außendienst werden nicht vergrößert. Die Werbesachbearbeiter arbeiten ökonomischer."

Ü3 1. Kurzprotokoll.

Ü4 1. Die Äußerungen der Mitarbeiter sind im Konjunktiv wiedergegeben; die Besprechungsergebnisse werden im Indikativ dargestellt.

C2 Entstehung, Planung, Vorbereitung einer Diskussion

Ü3 1. Durch Susannes Vorschlag.

C3 Die Diskussion: Organisation, Ablauf, Ergebnis

Ü2   4. Bedeutung der Einträge auf der Rednerliste:

   ①   Martin hatte sich als erster zu Wort gemeldet und bereits geredet.

   ②   Während Antje laut Rednerliste das Wort hatte, hatte sich Jens zur "direkten Gegenrede" gemeldet; er erhielt das Wort, als Antje fertig war.

   ③   Karsten sprach laut Rednerliste, als Martin sich zur "direkten Gegen-rede" meldete; als Martin schließlich das Wort hat und noch redet, verlangt Susanne zu seiner Äußerung eine "direkte Gegenrede". Martin spricht noch.

   ④   Hermann und Dorothee stehen als "normale" Wortmeldungen (möglicherweise schon länger) auf der Liste, werden aber erst nach Susanne drankommen.

   ⑤   Anita ist Diskussionsleiterin; wenn sie "zur Sache reden", also ihre persönliche Meinung zum Thema sagen will, muß sie sich selbst wie jeden anderen Diskussionsteilnehmer unten auf die Rednerliste schreiben. Sie wird sich nach Susanne selbst "das Wort erteilen" (also etwa sagen: "Jetzt stehe ich auf der Rednerliste und möchte etwas zur Sache sagen: ...").

S3   Zutreffende Aussagen zur Funktion dieser Diskussionsphase:

Informationen: Darlegung
Äußerungen: längere
Diskussionsbeiträge: eher emotional
Gesprächsverlauf: eher unsystematisch
Gruppenbildung: durch Sympathie/Antipathie
Gefühl am Ende: Unzufriedenheit

Alphabetische Liste schwieriger Begriffe mit Erklärungen

A

absurd: widersinnig, sinnlos

AG: (hier) Arbeitsgruppe, Arbeitsgemeinschaft

Aggression: Haltung, die gespannt und gereizt zum jederzeitigen Angriff auf andere neigt; z. B.: "Das Verhältnis zu seiner halbwüchsigen Tochter war von gegenseitiger Aggression bestimmt."

akut: plötzlich auftretend, scharf und heftig verlaufend; z. B. "ein akuter Schmerz"

akzeptieren: anerkennen, annehmen

Alternative: (hier) andere Möglichkeit, Gegenvorschlag

antibiotisch: Wachstum und Vermehrung von Bakterien und Viren hemmend (von *Antibiotika* wie Penizillin)

Antipathie: ⟶ instinktive Abneigung, ⟶ negative Beziehung zwischen Menschen; ⟶ Gegenteil von ⟶ Sympathie

Appell: Aufruf, Aufforderung

Arbeitgeber: Unternehmer oder seine Beauftragten (z. B. Geschäftsleitung)

Arbeitskapazität: Arbeitskräfte und Arbeitszeit, die zur Verfügung stehen

Argument: sprachliche Äußerung, die aus einer Behauptung und ausreichender, nachprüfbarer Begründung besteht; z. B.: "Rauchen ist gesundheitsschädlich, weil es den Körper laufend mit Teer und Nikotin vergiftet."

Argumentationsschema: Aufbau und Abfolge von Argumenten im Verlauf einer Diskussion oder Rede

astronomisch: (hier) ungeheuer, unvorstellbar; z. B.: "Die Baukosten heutiger Atomkraftwerke sind astronomisch hoch."

Atmosphäre: (hier) die Stimmung, die während eines Gesprächs herrscht

Atommüll: stärker oder schwächer strahlende bzw. mit ⟶ Radioaktivität verseuchte Stoffe, die als Abfallprodukt der Kernspaltung in Atomkraftwerken oder anderen Atomanlagen entstehen und verarbeitet bzw. gelagert werden müssen

Atomstrom: Elektrizität, die in Atomkraftwerken aus der Abwärme der kontrollierten Kernspaltung über erhitzten Wasserdampf und Dampfturbinen erzeugt wird

Augeninfektion: Erkrankung der Augen durch Ansteckung von außen

ausgewiesen: (hier) gekennzeichnet, z. B. "für Mädchen ausgewiesene Stellenangebote

Ausloten: (hier) genaues Kennenlernen und Einschätzen; z. B.: "Zuerst solltest du die Vorstellungen deines Partners ausloten."

Außendienst: Mitarbeiter, die für eine Firma reisen und Kunden besuchen

Außendienstler: reisender Vertreter einer Firma für Kundenbetreuung und Verkauf

autonom: (hier) unabhängig von politischen und anderen Gruppen

autoritär: (hier) von einer übermächtigen Person oder Einrichtung allein beherrscht und gelenkt

B

boomen: (eingedeutschter englischer Fachausdruck, etwa:) hoch hergehen, bestens laufen, florieren

Boss: Chef

D

Datenausdruck: Informationstext oder Liste, von einem Computer auf Anforderung ausgedruckt

Dekoration: Schmuck, ansprechender Aufbau

Dialog: Gespräch zwischen zwei oder mehr Personen

dialogisch: von der Art eines Gesprächs zwischen zwei oder mehr Personen

Diskriminierung: ungleiche Behandlung und Benachteiligung

diskutabel: überlegenswert, ernstzunehmen

Distanz: (hier) räumliche und ⟶ emotionale Entfernung

diverse: verschiedene, z. B.: "Das Geld kommt von diversen Spendern."

drastisch: deutlich, schnell wirksam, kräftig

"Dritte Welt": nichtindustrialisierte, arme Länder vor allem Lateinamerikas, Afrikas und Südasiens ("Entwicklungsländer")

E

Elementarbildung: unverzichtbares Maß an grundlegender Schul- und Berufsbildung

Emotion: Gefühlsbewegung, Erregung

emotional: vom spontanen Gefühl bestimmt, z. B. "ein emotionaler Aufschrei"

Engagement: Einsatz, Begeisterung für eine Sache/Person/Idee usw.

Entscheidungsfrage: Frageform, die als Antwort ja oder nein verlangt; z. B.: "Fahren Sie bald in Urlaub?" - "Ja./Nein."

Entscheidungsgremium, -gremien: Gruppe von Personen, die bestimmte Entscheidungen treffen soll/darf; z. B. Parlament, Kabinett, Parteivorstand

Ergänzungsfrage: Frageform, die mit der gezielt verlangten Sachinformation beant- wortet wird; z. B.: "Wann fahren Sie dieses Jahr in Urlaub?" - "Im Herbst."

Erhebung: (hier) statistische Erfassung/Zählung

Etat: finanzieller Haushalt, Haushaltsplan (meist für ein Jahr); ⟶ Werbe-Etat

Experte: Fachmann

F

Fäkalien: tierische und menschliche Ausscheidungen (Kot und Urin)

Faktor: bestimmender Umstand, Einfluß, Tatbestand

Familienplanung: Planung und Regelung der Kinderzahl pro Familie, z. B. durch Empfängnisverhütung

Floskel: leere Redensart, Standardausdruck

formal: der Form nach, äußerlich, in der Gestaltung

Formalität: (hier) organisatorische Frage, z. B. Diskussionsleitung, Stimmrecht, Redezeit

Frontantrieb: (hier) die vom Motor erzeugte Drehkraft wird auf die Vorderachse des Fahrzeugs übertragen

Funktion: (hier) Aufgabe, Zweck

G

galant: sehr zuvorkommend und ritterlich gegenüber Frauen

gefühlsorientiert: auf das Gefühl (z. B. der Zuhörer) zielend

H

hektisch: fieberhaft und übertrieben aktiv, gehetzt

I

idealistisch: (hier) versponnen, wirklichkeitsfremd

ideologisch: einer bestimmten politisch-gesellschaftlichen Anschauung folgend, z. B. "Die ideologischen Theorien des Kapitalismus, des Faschismus und des Kommunismus bestimmen die Politik vieler Länder."

illustrieren: (hier) erläutern, anschaulich machen, verdeutlichen

immunisieren: widerstandsfähig, nicht ansteckbar machen; z. B. "Die Schluckimpfung immunisiert gegen Kinderlähmung."

Indikativ: Wirklichkeitsform des Zeitworts, Gegenstück zu ⟶ Konjunktiv (Möglichkeitsform); z. B.: "Es gibt nichts zu kritisieren, weil sie sehr viel leistet."

Indikator: typisches Merkmal oder Meßwert mit hoher Aussagekraft für einen bestimmten Zustand oder eine zu erwartende Entwicklung; z. B.: "Geringes Bevölkerungswachstum ist ein Indikator für gute wirtschaftliche Entwicklung."

Infektionskrankheit: Krankheit, die durch Ansteckung von außen (Erreger) übertragen wird; z. B. Masern, Grippe, Malaria, Typhus

Inflationsrate: Prozentsatz, um den jährlich die Kaufkraft einer bestimmten Summe in einer Währung sinkt

Informationsfrage: ⟶ Ergänzungsfrage

inklusive: einschließlich, z. B. "Preis inklusive Mehrwertsteuer"

instinktiv: dem eigenen Instinkt folgend, also nicht ⟶ rational oder ⟶ emotional gesteuert empfindend und handelnd; z. B.: "Als ich Knoll sah, hatte ich instinktiv eine starke Abneigung gegen ihn."

Institution: öffentliche Einrichtung, z. B. Schulen, Kindergärten, Kirchen

Interjektion: Ausrufe- bzw. Empfindungswort, z. B. "au!", "pfui!"

Ironie: mehr oder weniger versteckter, treffender Spott, der zur Selbstkritik auffordert

J

Job: Aufgabenbereich, Arbeit, Arbeitsstelle

K

Kabelfernsehen: Fernsehangebote, die nicht über eine Antenne, sondern über ein Erdkabel direkt vom Programmanbieter zum Zuschauer übertragen werden

Kapazität: (hier) Kraftwerksleistung

Karibik: "Karibisches Meer" und "Karibische Inseln", zwischen Florida/USA, Mittelamerika und der Nordküste Südamerikas gelegen

Kernenergie: (hier) Wärme und Strom, die in Atomkraftwerken aus der kontrollierten Kernspaltung erzeugt werden

Klartext: "im Klartext" = auf gut deutsch, deutlich gesagt

Knowhow: (englisches Fachwort, etwa:) praktische Erfahrung, einschlägiges Fachwissen, technische Fähigkeit; z. B.: "Die Bundesrepublik hat das Knowhow für die Rauchgasentschwefelung, wendet es aber im eigenen Land viel zu spät an."

Komitee: im Namen einer größeren Menschengruppe oder Organisation handelnder Ausschuß

kommerziell: auf Verkaufen und Gewinn gerichtet, z. B.: "Das Kabelfernsehen verfolgt rein kommerzielle Ziele."

Kommunikation: Weitergabe und Austausch von Informationen durch Sprache, Körpersprache, Bilder und Symbole

Kompromiß(vorschlag): mittlere Lösung zwischen zwei oder mehr abweichenden Forderungen, die für alle Seiten annehmbar ist

Konjunktiv: Möglichkeitsform des Zeitworts, Gegenstück zu ——▶ Indikativ (Wirklichkeitsform); z. B.: "Es gäbe weniger zu kritisieren, wenn sie mehr leistete."

konkret: greifbar, praktisch, handfest

Konsequenz: (hier) Schlußfolgerung

Konversation: Unterhaltungsgespräch

Körpersprache: Ausdruck und Bedeutung aller körperlichen Haltungen und Bewegungen, insbesondere des Gesichts und der Hände

korrigieren: verbessern, kritisieren

kraß: auffallend, maßlos; z. B.: "die krasse Benachteiligung der Frauen im Berufsleben"

kritisch: (hier) rational und gewissenhaft prüfend, streng urteilend

Kundendatei: Liste aller Kunden mit den dazugehörigen Daten

Kundenstamm: feste Kunden, Dauerkunden

L

Latrine: einfacher Abort, Senkgrube ohne Wasserspülung

Leasing: Mietkauf (d. h., man kann z. B. ein Neuauto zunächst mieten und später kaufen, wobei die Mietraten teilweise oder ganz auf den Gesamtkaufpreis angerechnet werden)

Leistungsprinzip: (hier) Leistung/Wirksamkeit als höchster Wert, an dem alles gemessen wird

leprakrank: an Lepra = "Aussatz" (schwere Tropenkrankheit) erkrankt

Limit: (aus dem Englischen für) Grenze, Höchstmaß; z. B.: "Wir fordern ein Limit von 100 km/h auf Autobahnen."

M

Manieren: Umgangsformen; Art, wie man mit anderen Menschen umgeht

materiell: (hier) tatsächlich, praktisch; z. B.: "eine materiell spürbare Verbesserung"

maximal: (hier) höchstens

Medienkonzern: sehr großes Wirtschaftsunternehmen, das Druckwerke (Bücher, Zeitungen, Zeitschriften), Tonträger (Schallplatten, Cassetten) und Bildträger (Filme, Fernsehsendungen) herstellt und verkauft; in der Bundesrepublik z. B. Bertelsmann, Axel Springer, Gruner & Jahr, Burda; ⟶ "neue Medien"

mobilisieren: (hier) in Bewegung versetzen, zum Handeln bringen

moralisch: sittlich, mit gutem Gewissen vertretbar

Motiv: (hier) Anlaß, Grund, Anstoß; z. B.: "Was sind die Motive für Ihre Berufstätigkeit?"

motivieren: Interesse und Einsatzbereitschaft wecken; z. B.: "Kinder lernen in der Schule nur, wenn sie laufend motiviert werden."

N

neutral: (hier) unparteiisch

O

okay / O.K.: in Ordnung!, einverstanden!

ökonomisch: (hier) sparsam und wirkungsvoll

P

per: (hier) durch, mit Hilfe von

perfekt: fehlerlos, einwandfrei, gekonnt

Phase: Abschnitt, Stufe einer mehrstufigen Entwicklung; z. B.: "Die Diskussion verlief in drei Phasen."

plädieren (für etwas): sich einsetzen für etwas, etwas fordern

Position: Stellung, Rang, Einfluß, z. B.: "Er hat eine starke Position in der Firma."
Meinung, Standpunkt, z. B.: "Ihre Position überzeugt mich nicht!"

positiv: gut, günstig, aufbauend; Gegenteil von ⟶ negativ

präzise: genau und kurzgefaßt

Priorität: Vorrang, höchste Bedeutung/Wichtigkeit

profitieren: Nutzen haben von, Gewinn ziehen aus; z. B.: "Frau Schulze profitierte viel aus dem Gespräch mit ihren Kollegen."

Projekt: (hier) in Planung oder Entwicklung befindliches Produkt

Pro-und-Kontra-Diskussion: Diskussionsspiel mit zwei gegnerischen Parteien zur Übung von ──► Argument und Gegenargument im Wechsel

Q

Quote: prozentualer Anteil an einer Gesamtgröße; z. B.: "Die Quote der Frauen unter den Arbeitslosen steigt ständig."

R

Radioaktivität: gesundheitsschädliche Strahlung, die bei der Kernspaltung frei wird

rapide: ungeheuer schnell und stark; z. B.: "Die Weltbevölkerung nimmt rapide zu."

rational: vom Verstand bestimmt, z. B. "eine rational begründete Meinung"

Rauchgasentschwefelung: Reinigung der bei Verbrennung von Kohle und Öl entstehenden schwefelhaltigen Rauchgase durch verbesserte Verbrennungsverfahren, Zusatz von festen oder flüssigen Chemikalien und Filter

regional: (hier) für ein begrenztes, zusammengehöriges räumliches Gebiet zuständig

rhetorische Frage ──► Suggestivfrage

Rotation: (hier) Übernahme und Abgabe eines Amts/einer Aufgabe nach festen begrenzten Zeitabschnitten

S

Sanierungskosten: (hier) Kosten für die Beseitigung und zukünftige Verhinderung von Schadstoffabgaben, die die Umwelt vergiften

sanitäre Anlagen: Waschgelegenheit und Toiletten

"saurer Regen": die Schadstoffe Schwefeldioxid und Stickoxide, die vor allem aus Kraftwerken, Industriefeuerungen und Autoabgasen stammen, verbinden sich in der Luft mit Wasser zu Säuren; diese versäuern dann Regen und Schnee

Schlußplädoyer: (ursprünglich Schlußrede im Gericht, hier) längere Meinungsäußerung/ Kurzrede, die den Standpunkt des Sprechers zusammenfaßt und in einer Forderung gipfelt

Schwefeldioxid: SO_2, giftige Verbindung von Schwefel (S) und Sauerstoff (O_2), die z. B. bei der Verbrennung von Kohle, Öl und Holz entsteht und die Luft verunreinigt

Schwermetalle: Metalle wie Blei, Cadmium, Zink, Quecksilber, Kupfer, die schon in kleinen Mengen auf lebende Wesen giftig wirken

Sektor: (hier) Geschäftsbereich

semi-autonom: "halb-selbständig", d. h. teilweise unabhängig, teilweise abhängig von etwas; ──► autonom

Senkrechtstarter: (hier) Person mit schnellem Erfolg im Beruf

Signalwort, -ausdruck: Wort/Ausdruck, das im sprachlichen Fluß auf einen wichtigen Teil der Äußerung hinweist; z. B.: "Das begründende Signalwort 'weil' steht am Anfang der Begründung."

Sittengesetz: (hier) alle sittlichen, ——► moralischen Regeln, die von der Mehrheit einer Gesellschaft als verbindlich anerkannt werden

Skala: Maßeinteilung

sozial: (hier) von der Gesellschaft ausgehend

Spendenkampagne: organisierte Aktion(en) zur Aufbringung von Spenden für einen bestimmten Zweck

Spitzenorganisation: meist landesweite Organisation einer Interessengruppe (Wirtschaftsbranche, Berufsgruppe usw.) zu deren politischer Vertretung nach außen

spontan: von selbst, aus eigenem Antrieb entstehend; z. B.: "Er sprach mich spontan an."

Stab: (hier) Bestand an Mitarbeitern; z. B.: "Die Versicherungsbranche hat einen riesigen Vertreterstab."

Steuerformel: (hier) Rauminhalt aller Motorzylinder zusammen liegt knapp unter einem Grenzwert, ab dem mehr Kraftfahrzeugsteuer zu zahlen ist

Stickoxide: NO_x, giftige Verbindungen von Stickstoff (N) und Sauerstoff (O_2), die vor allem bei der Verbrennung von Benzin, Öl und Kohle entstehen und die Luft verunreinigen

strukturieren: gliedern, ordnen, planen

Suggestivfrage: Scheinfrage; in Frageform versteckte Behauptung oder Forderung, die der Gesprächspartner unter Druck akzeptieren soll; z. B.: "Du wirst doch nicht etwa nach Italien fahren?!" – "Nein, nein!"

Sympathie: ——► instinktive Zuneigung zwischen Personen; Gegensatz zu ——► Antipathie

systematisch: einem System, einer Ordnung/Reihenfolge/Planung folgend; z. B. "Wir müssen das Problem systematisch anpacken."

T

taktisch: in kleinen geplanten Schritten zielbewußt vorgehend

Tendenz: (hier) bestimmte Richtung/Art einer Entwicklung, z. B. "zunehmende Tendenz in der Ausländer-Arbeitslosigkeit"

Tetanus: "Wundstarrkrampf" genannte gefährliche Infektionskrankheit, die infolge von Wundverschmutzung auftreten kann

Tonband-Mitschnitt: unveränderte Aufnahme von Gesprächen, Musik, Geräuschen usw. auf Tonband

Trachom: ägyptische Augenkrankheit, hartnäckige Bindehautentzündung mit Erblindungsgefahr

traditionell: herkömmlich, schon sehr lange üblich

Tuberkulose: von Bakterien-Erregern ausgelöste schwere Erkrankung von Lunge, Knochen oder Haut ("Schwindsucht")

Turnus: Wechsel, Ablösung

TV-Spiele: Bild-Ton-Spiele, die als Programm elektronisch gespeichert sind und mittels Zusatzgerät über einen Fernsehschirm abgespielt werden können

U

überkommen: (hier) althergebracht, überliefert; z. B.: "überkommene falsche Vorstellungen von der Rolle der Frau abbauen"

UN: "United Nations" = Vereinte Nationen

UNICEF: "United Nations International Children's Emergency Fund" = Kinderhilfswerk der Vereinten Nationen

Unterrepräsentation: zahlenmäßig zu geringe Vertretung einer Gruppe

unterrepräsentiert: im Vergleich zu der zahlenmäßigen Größe einer Gruppe zu gering vertreten; z. B. "Frauen sind in Lehrbüchern stark unterrepräsentiert."

Uran: silberweißes radioaktives Metall, das in größeren Mengen als Bodenschatz vorkommt und als Ausgangsmaterial für die Kernspaltung in Atomkraftwerken und für Atomwaffen benutzt wird

V

Verhaltensmuster: (hier) typische Form des gesellschaftlichen Umgangs, z. B. autoritäres/partnerschaftliches/soziales/asoziales Verhalten

vgl.: "vergleiche" (Aufforderung zum Nachschlagen)

W

Wandzeitung: an Wänden angeschlagene große leere Papierfläche, die von mehreren Personen mit Texten und Bildern zum Zweck der Information und öffentlichen Diskussion gefüllt wird (ursprünglich in China entwickelte Form, die jetzt weltweit u. a. im Unterricht benutzt wird)

Watt: (hier) Maßeinheit für elektrische Leistung

Werbeagentur: Firma, die im Auftrag von Kunden Werbemaßnahmen entwirft und durchführt

Werbe-Etat: Einplanung und Verteilung einer Summe, die eine Firma (meist pro Geschäftsjahr) insgesamt für ihre Werbung vorsieht; ⟶ Etat

Z

zuvörderst: (veraltet für) vor allem, zuallererst

Quellennachweis

C. H. Beck'sche Verlagsbuchhandlung, München (S. 10) aus: Beck-Texte im dtv, Nr. 5003, Grundgesetz, S. 30 - 32, und Nr. 5006, Arbeitsgesetze, S. 264.

dpa (S. 12) "Mädchen häkeln und stricken" aus: Frankfurter Rundschau, 13. 12. 1978.

Deutsches Komitee für UNICEF, Köln (S. 54 - 56) aus: Prospekt "Wasser für Sudan", Broschüre "Viele Wenig geben ein Viel".

Frankfurter Rundschau (S. 13) "Farthmann: Frauen droht Rückkehr ins Biedermeier" von Reinhard Voss, 11. 1. 1983.

Herbert Schreg, Regensburg (S. 25) Foto "Waldsterben im vorderen Bayerischen Wald".

Klaus Staeck, Heidelberg (S. 12) Plakat "Jeder zweite Abgeordnete ist eine Frau" aus: Klaus Staeck / Dieter Adelmann, "Die Kunst findet nicht im Saale statt", Rowohlt Verlag, Reinbek 1976, S. 51.

BAUSTEINE DEUTSCH

Ein Programm zur Erweiterung der Ausdrucksfähigkeit im Deutschen

von Gernot Häublein, Gudrun Häusler und Theo Scherling

● Die Zielgruppe des Programms sind Erwachsene und Jugendliche, die ihre Ausdrucksfähigkeit weiterentwickeln wollen. Es eignet sich daher besonders für Kurse an Volkshochschulen und anderen Einrichtungen der Erwachsenenbildung sowie für den Zweiten Bildungsweg (Abendschulen) und berufliche Schulen.

● Jeder Baustein des Programms entspricht einem bestimmten Bereich sprachlicher Kenntnisse, Fertigkeiten und Fähigkeiten und zugleich einem Lernbedürfnis, das durch Teilnehmerumfragen in zahlreichen Deutschkursen der Autoren ermittelt wurde.

● **Baustein 1 „Grammatik · Zeichensetzung: Schwerpunkte"** behandelt sehr häufig auftretende Probleme der Grammatik und Zeichensetzung und eignet sich sowohl als Unterrichtsmaterial für einen Kurs wie auch als „Eingreifmaterial" für die Auffrischung und Wiederholung einzelner Sachbereiche. Jedes der 19 Teilthemen kann unabhängig von den anderen bearbeitet werden.

Lehr- und Arbeitsbuch 103 Seiten, 21 x 28 cm, kartoniert-laminiert, Best.-Nr. 49 821

Lehrerhandreichungen Best.-Nr. 49 822

● **Baustein 2 „Telefonieren · Schriftliche Mitteilungen".** Telefonieren und schriftliche Mitteilungen sind zentrale Kommunikationsformen im Beruf und im privaten und öffentlichen Leben in all den Fällen, wo ein persönliches Gespräch nicht möglich oder ungeeignet ist.
Dieser Baustein vermittelt sprachliche Sicherheit und Flexibilität beim Telefonieren und Schreiben sowie besonders die Fähigkeit, sich auf die Situation und den Partner einzustellen.

Lehr- und Arbeitsbuch 79 Seiten, 21 x 28 cm, kartoniert-laminiert, Best.-Nr. 49 823

Cassette mit Hör- und Sprechübungen Best.-Nr. 84 422

Lehrerhandreichungen Best.-Nr. 49 824

● **Baustein 3 „Stellensuche · Bewerbung · Kündigung".** Die Thematik betrifft wichtige Vorgänge im Leben jedes Arbeitnehmers. Anrufe, Briefe, Gespräche, Verträge, Anzeigen, Gesetzes- und Vertragstexte stehen im Mittelpunkt dieses Bausteins.

Lehr- und Arbeitsbuch 95 Seiten, 21 x 28 cm, kartoniert-laminiert, Best.-Nr. 49 825

Cassette mit Hör- und Sprechübungen Best.-Nr. 84 423

Lehrerhandreichungen Best.-Nr. 49 826

● **Baustein 4 „Gespräch · Besprechung · Diskussion".** Diese drei Kommunikationsformen dienen der Entscheidungsfindung im Beruf, im privaten und öffentlichen Leben. Gesprächsvorbereitung, Einstellung auf den Partner, Argumentieren und Gesprächsregeln sind die wichtigsten Lernziele dieses Bausteins.

Lehr- und Arbeitsbuch 79 Seiten, 21 x 28 cm, kartoniert-laminiert, Best.-Nr. 49 827

Cassette mit Hör- und Sprechübungen Best.-Nr. 84 424